AF456325

ORDONNANCE DU ROI,

Portant règlement pour le payement des Troupes de Sa Majesté, pendant la Campagne 1760.

Du premier Juin 1760.

A PARIS,
DE L'IMPRIMERIE ROYALE.

M. DCCLX.

977

TABLE

Des Articles & Titres contenus en l'Ordonnance du Roi, du premier Juin 1760, portant règlement pour le payement des Troupes de Sa Majesté, pendant la Campagne 1760.

ORDONNANCE

ORDONNANCE DU ROI,

Portant règlement pour le Payement des Troupes de Sa Majesté pendant la Campagne 1760.

Du premier Juin 1760.

DE PAR LE ROI.

SA MAJESTÉ voulant régler le traitement qui sera fait à ses Troupes dans ses armées, pendant la campagne 1760, à commencer du premier Mai, Elle a ordonné & ordonne ce qui suit :

ARTICLE PREMIER.

IL sera fourni du fourrage aux troupes, lorsqu'il n'y aura point occasion de fourrager sur le pays, conformément aux états que Sa Majesté sera expédier, & ce, pour les quantités de rations attribuées à chaque grade des Officiers de ses troupes d'Infanterie françoise & étrangère, Cavalerie, *Fourrage.*

Huſſards & Dragons, par ſon ordonnance du 25 février dernier, concernant la ſolde des Troupes pendant l'hiver.

Pain de munition. Elle fera auſſi expédier des états pour la fourniture du pain de munition aux Officiers d'Infanterie françoiſe, des troupes de Cavalerie, de la Maiſon de Sa Majeſté, des régimens de Cavalerie, de Carabiniers, de Huſſards & de Dragons, & aux Brigadiers, Sous-Brigadiers, Gardes-du-corps, Gendarmes, Chevaux-légers, Mouſquetaires, Grenadiers à cheval, Sergens, Soldats, Cavaliers, Carabiniers, Huſſards & Dragons, & ſeulement aux Sergens & Soldats des régimens étrangers, qui ſerviront dans les armées de Sa Majeſté, à commencer des jours qu'elles ſe mettront en campagne en corps d'armée, juſqu'au dernier octobre prochain, ſur le pied des revûes, en obſervant de ſe conformer pour les quantités attribuées à chaque grade, à ce qui eſt preſcrit ci-après par la préſente ordonnance. Sa Majeſté entend à cet effet, que les revûes ſe faſſent régulièrement tous les mois pendant la campagne, aux troupes des armées, par les Commiſſaires des guerres, avec les Directeurs ou Inſpecteurs généraux, où il s'en trouvera.

II.

Gardes-Françoises & Gardes-Suisses. Compagnies. États-majors.

Les compagnies des Gardes-Françoiſes & Suiſſes ſeront payées de leur ſolde ordinaire, ſur laquelle il ſera retenu deux ſols pour chaque ration de pain de munition qui leur ſera fournie; & les Officiers de l'État-major de chacun deſdits régimens, recevront leurs appointemens ſuivant les états qui ſeront expédiés.

III.

INFANTERIE FRANÇOISE.

Chaque bataillon d'Infanterie françoiſe, ſervant en

campagne, composé de dix-sept compagnies, dont une de Grenadiers de quarante-cinq hommes, & seize de Fusiliers de quarante hommes, faisant au total six cens quatre-vingt-cinq hommes, outre le pain de munition qui sera fourni aux Officiers & Soldats, sera payé pendant la campagne, sur le pied par jour, savoir:

Compagnies de Grenadiers.

La compagnie de Grenadiers, à raison de cinq livres trois sols quatre deniers au Capitaine, y compris quatre livres treize sols quatre deniers de supplément.

Trente sols au Lieutenant, y compris vingt-deux sols de supplément.

Vingt sols au Sous-lieutenant, y compris quatorze sols de supplément.

Sept sols quatre deniers à chacun des deux Sergens, dont un sol quatre deniers de supplément; cinq sols huit deniers à chacun des trois Caporaux, dont un sol onze deniers de supplément; quatre sols huit deniers à chacun des trois Anspessades, dont un sol deux deniers de supplément; & trois sols huit deniers à chacun des trente-six Grenadiers & au Tambour, dont huit deniers de supplément.

Payes de gratification.

Le Capitaine, outre l'appointement ci-dessus, recevra cinq payes de gratification de six sols huit deniers chacune, dont deux payes de supplément, sa compagnie étant complète de quarante-cinq hommes, & rien au dessous dudit nombre.

Compagnies de Fusiliers.

Chacune des seize compagnies de Fusiliers de chaque bataillon, sera payée sur le pied par jour, savoir:

Aux Capitaines des quatre premières compagnies, à raison de quatre livres dix sols par jour, y compris quatre livres deux sols de supplément.

Aux Capitaines des quatre compagnies qui suivent

9 82

par leur rang, à raiſon de trois livres ſeize ſols huit deniers par jour, y compris trois livres huit ſols huit deniers de ſupplément.

Aux Capitaines des huit dernières compagnies, à raiſon de trois livres trois ſols quatre deniers, y compris deux livres quinze ſols quatre deniers de ſupplément.

A chaque Lieutenant des ſeize compagnies de Fuſiliers, vingt-trois ſols quatre deniers, y compris dix-ſept ſols quatre deniers de ſupplément.

Les deux Sergens, trois Caporaux, trois Anſpeſſades, trente-un Fuſiliers & un Tambour, qui ſont en chacune des ſeize compagnies de Fuſiliers, ſeront payés à raiſon de ſix ſols quatre deniers par jour à chaque Sergent, dont un ſol quatre deniers de ſupplément; quatre ſols huit deniers à chaque Caporal, dont un ſol cinq deniers de ſupplément; trois ſols huit deniers à chaque Anſpeſſade, dont huit deniers de ſupplément; & deux ſols huit deniers à chaque Fuſilier & au Tambour, dont deux deniers de ſupplément.

Payes de gratification.

Le Capitaine de Fuſiliers, outre l'appointement ci-deſſus, recevra cinq payes de gratification de cinq ſols huit deniers chacune, dont deux payes de ſupplément, ſa compagnie étant complète de quarante hommes, trois à trente-neuf, une ſeulement à trente-huit hommes, & rien au deſſous dudit nombre de trente-huit hommes.

Soldats ſurnuméraires du régiment du Roi.

Les cinq hommes ſurnuméraires par compagnie, établis dans le régiment d'Infanterie du Roi, par ordonnance du 7 ſeptembre 1741, & que Sa Majeſté, par celles du 20 février 1749 & premier août 1755, a bien voulu continuer d'y entretenir au-delà du complet en chacune des ſoixante-huit compagnies dudit régiment, ſans tirer à conséquence pour les autres régimens de son Infanterie françoise, recevront leur solde sur le pied par jour, de trois sols huit deniers à chaque Grenadier, y compris huit deniers de supplément; & de deux sols huit deniers à chaque Fusilier, dont deux deniers de supplément, en passant présent aux revûes des Commissaires des guerres, jusqu'audit nombre de cinq par compagnie, sans que cela produise aucune augmentation dans les hautes-payes, ni dans les payes de gratification desdites compagnies.

Capitaines en second tenant lieu de Lieutenans.

Les Capitaines en second, ci-devant en pied, qui par la réforme remplissent des places de Lieutenant dans les compagnies de Fusiliers, jusqu'à leur remplacement, seront payés en campagne, de leurs appointemens, sur le pied chacun de trente-deux sols par jour, y compris vingt-cinq sols de supplément.

Enseignes.

Les deux Enseignes qui sont en chaque bataillon pour porter les drapeaux, seront payés de seize sols par jour, y compris onze sols de supplément.

État-major des régimens d'Infanterie françoise.

Les Officiers de l'État-major de chaque régiment d'Infanterie françoise, avec Prevôté ou sans Prevôté, seront payés sur le pied par jour, de quatre livres trois sols quatre deniers au Colonel, y compris trois livres sept sols quatre deniers de supplément; neuf livres sept sols neuf deniers un tiers au Lieutenant-colonel, y compris quatre livres dix-sept sols quatre deniers de supplément, tant pour leurs appointemens en leurdite qualité, que pour leur tenir lieu de ceux de Capitaine, n'ayant plus de compagnie; quatre livres dix sols au Major, y compris quatre livres deux sols de supplément; trois livres trois sols quatre deniers au second Major du régiment du Roi; deux livres seize sols huit deniers à l'Aide-major, y compris deux livres dix sols huit deniers de supplément; vingt sols au Maréchal-des-logis, y compris seize sols de supplément; & dix sols à chacun des Aumônier & Chirurgien, y compris sept sols six deniers de supplément.

Colonel-lieutenant du régiment d'Infanterie du Roi.

Sa Majesté ayant réglé par son ordonnance du 20 février 1749, que la compagnie Colonelle de son régiment d'Infanterie seroit conservée, & commandée comme ci-devant par le Colonel-lieutenant, il continuera d'être payé en ladite qualité de Colonel, sur le pied réglé par l'ordonnance du 25 février dernier, de trente-trois sols quatre deniers par jour, indépendamment des appointemens qu'il recevra comme Capitaine, à raison de trois livres trois sols quatre deniers par jour; les gradations d'augmentation de traitement établies pour les compagnies de Fusiliers devant avoir lieu pour ledit régiment comme pour les autres de l'Infanterie françoise, à commencer du premier Capitaine factionnaire.

Colonel en second du régiment des Gardes de Lorraine.

Le sieur Chevalier de Beauveau, Colonel en second du régiment des Gardes de Lorraine, sera payé de ses appointemens en campagne, sur le pied de quatre livres trois sols quatre deniers, y compris trois livres sept sols quatre deniers de supplément.

Prevôté.

Les Officiers de la Prevôté des régimens où il y a Prevôté, servant dans les armées, seront payés sur le pied par jour, de dix-huit sols huit deniers au Prevôt, dont treize sols huit deniers de supplément; sept sols quatre deniers à son Lieutenant, dont quatre sols dix deniers de supplément; quatre sols quatre deniers au Greffier, dont deux sols quatre deniers de supplément; & trois sols à chacun des cinq Archers & à l'Exécuteur de Justice, dont deux sols de supplément.

Commandans & Aides-majors de bataillons.

Les Commandans des second, troisième & quatrième bataillons des régimens où il y en a ce nombre, seront payés sur le pied de cinq livres dix-huit sols dix deniers deux tiers par jour chacun, y compris quatre livres huit sols dix deniers deux tiers de supplément, ne devant point être attachés à aucune compagnie; & les Aides-majors desdits bataillons, recevront chacun deux livres seize sols huit deniers par jour, y compris deux livres dix sols huit deniers de supplément.

Sous-aides-majors dans le régiment du Roi.

Les quatre Sous-aides-majors que Sa Majesté a établis dans son régiment d'Infanterie, par ordonnance du 20 juillet 1753, continueront de recevoir les seize livres treize sols quatre deniers par mois, réglés par ladite ordonnance, indépendamment de leurs appointemens de Lieutenans.

RÉGIMENT de PIÉMONT.

Le régiment de Piémont, composé en conséquence de l'ordonnance du 28 janvier dernier, de trente-six compagnies formant quatre bataillons de neuf compagnies chacun, dont une de Grenadiers de quarante-cinq hommes, & huit de Fusiliers de quatre-vingts hommes chacune, sera payé, lorsqu'il servira en campagne, sur le pied, savoir;

Compagnies de Grenadiers.

Chacune des compagnies de Grenadiers, à raison de cinq livres trois sols quatre deniers au Capitaine, trente sols au Lieutenant, vingt sols au Sous-lieutenant, sept sols quatre deniers à chacun des deux Sergens, cinq sols huit deniers à chacun des trois Caporaux, quatre sols huit deniers à chacun des trois Anspessades, trois sols huit derniers à chacun des trente-six Grenadiers & au Tambour.

Le Capitaine recevra de plus cinq payes de gratification de six sols huit deniers chacune, sa compagnie étant complète de quarante-cinq hommes, & aucune au dessous dudit nombre.

Compagnies de Fusiliers.

Chacune des huit compagnies de Fusiliers de chaque bataillon, sera payée sur le pied, savoir;

Aux Capitaines des quatre premières compagnies, de quatre livres dix sols à chacun.

Aux Capitaines des quatre dernières compagnies, de trois livres seize sols huit deniers à chacun.

A chacun des deux Lieutenans en chaque compagnie de Fusiliers, vingt-trois sols quatre deniers.

A l'égard des Sergens, Caporaux, Anspessades & Fusiliers, ils seront payés pour chaque compagnie sur le pied par jour, de six sols quatre deniers à chacun des quatre Sergens, quatre sols huit deniers à chacun des six Caporaux, trois sols huit deniers à chacun des six Anspessades, & deux sols huit deniers à chacun des soixante-deux Fusiliers & deux Tambours.

Le Capitaine de Fusiliers recevra de plus dix payes de gratification de cinq sols huit deniers chacune, sa compagnie étant complète de quatre-vingts hommes, six à soixante-dix-huit, deux seulement à soixante-seize, & aucune au dessous dudit nombre de soixante-seize hommes.

Enseignes.

Les deux Enseignes par bataillon, destinés à porter les drapeaux, seront payés de leurs appointemens en campagne sur le pied de seize sols par jour chacun.

Les Officiers de l'État-major du premier bataillon dudit régiment, seront payés sur le pied par jour, de quatre livres trois sols quatre deniers au Colonel, neuf livres sept sols neuf deniers un tiers au Lieutenant-colonel, dont cinq livres onze sols un denier un tiers à titre d'augmentation de traitement; lesquels Colonel & Lieutenant-colonel

colonel ne doivent point avoir de compagnie, quatre livres dix sols au Major, cinquante-six sols huit deniers à l'Aide-major, vingt sols au Maréchal-des-logis, & dix sols à chacun des Aumônier & Chirurgien.

Les Commandans & Aides-majors des second, troisième & quatrième bataillons, seront payés sur le pied par jour, de cinq livres dix-huit sols dix deniers deux tiers à chaque Commandant de bataillon, & de cinquante-six sols huit deniers à chaque Aide-major.

Appointemens conservés aux anciens Commandans de bataillon.

Les Officiers qui commandoient les bataillons qui ont été réformés par les réductions ordonnées dans l'Infanterie françoise, en 1748 & 1749, continueront de jouir en campagne des trente-six sols huit deniers par jour qui leur sont réglés pendant l'hiver, jusqu'à ce qu'ils soient remplacés; & ce indépendamment des appointemens qui leur sont ci-dessus réglés comme Capitaine d'une compagnie de Fusiliers.

Capitaines & Lieutenans en second des régimens de la Sarre & de Royal-Roussillon.

Les quatre Capitaines attachés en qualité de Capitaines en second aux quatre premières compagnies des régimens de la Sarre & de Royal-Roussillon, au moyen de l'incorporation qui a été faite des quatre compagnies des seconds bataillons de ces régimens dans les compagnies de Fusiliers des premiers bataillons, seront payés, lorsqu'ils serviront en campagne, sur le pied de vingt-cinq sols quatre deniers chacun par jour.

Et les quatre Lieutenans desdites compagnies, incorporés, attachés en qualité de Lieutenans en second, aux quatre secondes compagnies desdits premiers bataillons des régimens de la Sarre & de Royal-Roussillon, sur le pied de vingt-trois sols quatre deniers chacun par jour.

988

Officiers réformés à la suite des régimens.

Les Officiers réformés à la suite des régimens d'Infanterie françoise, y seront payés, lorsque les régimens servent en campagne, sur le même pied des appointemens qui leur ont été réglés par mois d'hiver, à la déduction seulement de vingt-cinq livres par mois à chaque Colonel & Lieutenant-colonel, de quinze livres à chaque Capitaine, & de cinq livres à chaque Lieutenant.

Régimens qui servent dans l'isle de Minorque.

Les régimens d'Infanterie françoise & étrangère, qui servent dans l'isle de Minorque, continueront d'être payés de leur solde, sur le pied réglé par l'ordonnance de solde d'hiver du 25 février dernier.

Officiers représentans, & Prisonniers de guerre.

Les Officiers qui, en conséquence des ordonnances des 30 décembre 1757 & 9 avril 1758, doivent représenter ceux qui sont Prisonniers de guerre, seront payés pendant la campagne, savoir; les Capitaines exploitans les compagnies des Capitaines prisonniers de guerre, sur le pied de trois livres trois sols quatre deniers par jour, quand même ils représenteroient des Capitaines des premières compagnies, auxquels Sa Majesté a réglé des appointemens plus forts: lesdits Capitaines représentans, jouiront aussi de tout le traitement attaché à leur grade, ainsi que des émolumens de la compagnie qu'ils exploitent, de l'entretien & des réparations de laquelle ils seront tenus.

Les Lieutenans qui remplaceront ceux qui sont Prisonniers, seront payés sur le pied réglé par la présente ordonnance pour les autres Lieutenans.

Et les Aides-majors qui représenteront les Aides-majors prisonniers, recevront les mêmes appointemens des autres Aides-majors de l'Infanterie françoise.

A l'égard des Officiers prisonniers, ils seront payés jusqu'à leur échange, des appointemens attachés à leur grade, sur le pied de garnison, sans pain ni fourrage, en vertu des ordres particuliers que Sa Majesté fera expédier.

Les Officiers qui auront été nommés pour représenter les Lieutenans-colonels, Commandans de bataillon, Majors & Capitaines de Grenadiers prisonniers, jouiront des appointemens & fourrages attribués à chacun de ces grades; & les Officiers prisonniers qu'ils représenteront, seront payés sur les ordres particuliers de Sa Majesté, comme il est dit ci-dessus.

Entend Sa Majesté que les pensions attribuées aux Lieutenans-colonels & premiers Capitaines de vingt régimens de son Infanterie françoise, ainsi que les gratifications attachées aux charges, continuent d'être payées aux Officiers prisonniers qui en jouissent.

Royal-Lorraine & Royal-Barrois.

Les régimens Royal-Lorraine & Royal-Barrois, continueront de recevoir, en servant en campagne, la même solde qui leur est réglée par l'ordonnance du 25 février 1760.

L'intention de Sa Majesté est que quoique ces régimens soient à la paye de garnison toute l'année, ils aient la faculté en campagne de prendre le pain de munition & la viande, aux retenues ordinaires sur la solde, pour les Sergens & Soldats; & Elle veut bien accorder aux Officiers la fourniture du pain de munition *gratis*, comme en jouissent ceux de ses troupes d'Infanterie françoise.

Au moyen du traitement réglé à ces deux régimens, il ne leur sera accordé ni ustensile ni argent de recrue, devant être toûjours complets au moyen des hommes qui leur seront fournis des Milices de Lorraine & de Bar; mais Sa Majesté leur donnera des routes avec étape pour faire joindre les hommes de remplacement.

Corps des Grenadiers de France.

Le Corps des Grenadiers de France, formé par ordonnance du 15 février 1749, & qui, suivant celle du 15 septembre 1750, a rang dans l'Infanterie immédiatement après le régiment de Bourbon, ce Corps composé de quatre brigades de douze compagnies de quarante-cinq hommes, faisant au total deux mille cent soixante hommes, sur le pied de cinq cens quarante hommes par brigade, sera payé à raison par jour, savoir;

Compagnies.

Chacune des quarante-huit compagnies, de six livres quinze sols dix deniers au Capitaine, y compris cinq livres dix-neuf sols dix deniers de supplément, tant pour ses appointemens que pour lui tenir lieu des cinq payes de gratification dont jouissent les Capitaines de Grenadiers des régimens d'Infanterie françoise, leur compagnie étant complète; trente sols au Lieutenant, y compris vingt-deux sols de supplément; vingt sols au Lieutenant en second, dont quatorze sols de supplément; sept sols quatre deniers à chacun des deux Sergens, dont un sol quatre deniers de supplément; cinq sols huit deniers à chacun des trois Caporaux, dont un sol onze deniers de supplément; quatre sols huit deniers à chacun des trois Anspessades, y compris un sol deux deniers de supplément; & trois sols huit deniers à chacun des trente-six Grenadiers & au Tambour, dont huit deniers de supplément.

Supplément de solde aux Charpentiers.

Le Sergent, le Caporal & les onze Grenadiers entretenus en chacune des quatre Brigades, sous la dénomination de Charpentiers, continueront de recevoir le supplément de solde qui leur a été réglé par l'ordonnance du 15 août 1750, à raison par jour, de deux sols au Sergent, un sol six deniers au Caporal, & un sol à chaque Grenadier-Charpentier.

Enseignes.

L'Enseigne qui est en chacune des quatre brigades,

ſera payé ſur le pied de ſeize ſols par jour, y compris onze ſols de ſupplément.

L'État-major dudit Corps, ſera payé ſur le pied par jour, de vingt-une livres ſept ſols neuf deniers un tiers à l'Inſpecteur-commandant, y compris dix livres cinq ſols ſix deniers deux tiers de ſupplément; douze livres dix ſols au ſieur de Lanjamet, ci-devant Major, & établi Commandant en ſecond dudit corps, par ordonnance du 8 juillet 1756, y compris neuf livres trois ſols quatre deniers de ſupplément, lequel traitement ſera éteint du jour que ledit ſieur de Lanjamet ne ſera plus employé audit Corps; quinze livres ſeize ſols huit deniers au Major, établi par ordonnance du 6 octobre 1759; ſept livres ſeize ſols huit deniers à l'Aide-major dudit Corps, établi par la même ordonnance; quatre livres dix ſols à chacun des quatre Aides-majors de brigades, trois livres à chacun des quatre Sous-aides-majors, auſſi établis par ladite ordonnance du 6 octobre 1759; vingt ſols à chacun des Aumônier & Chirurgien, & dix ſols quatre deniers à chacun des Tambour-major & Fiſre. *État-major.*

Les Colonels & Lieutenans-colonels deſtinés à ſervir audit Corps pendant la campagne, recevront, ſavoir, chaque Colonel neuf livres trois ſols quatre deniers par jour, & chaque Lieutenant-colonel neuf livres ſept ſols neuf deniers un tiers auſſi par jour, & ce pour le temps que leſdits Colonels & Lieutenans-colonels ſeront de ſervice.

Corps Royal de l'Artillerie.

Le Corps Royal de l'Artillerie, auquel Sa Majeſté a jugé à propos de faire quelques changemens, par ſon ordonnance du 27 février 1760, ſera payé en ſervant en campagne, ſavoir;

Officiers des brigades. Les Officiers des six brigades dudit Corps, composées chacune de huit compagnies de cent hommes chacune, dont une de Sappeurs, cinq de Canonniers, & deux de Bombardiers, sur le pied par jour,

Chacun des deux premiers Capitaines en premier de chaque brigade, de six livres sept sols neuf deniers un tiers.

Chacun des deux suivans, de cinq livres seize sols huit deniers.

Chacun des quatre derniers, de cinq livres.

Cinquante sols à chacun des deux Capitaines en second par compagnie, quarante sols à chacun des deux Lieutenans en premier, trente sols à chacun des deux Lieutenans en second, & vingt-trois sols quatre deniers au Lieutenant en troisième.

A l'égard des Sergens, Caporaux, Anspessades, Sappeurs, Canonniers, Artificiers & Bombardiers, ils seront payés sur le pied par jour, savoir;

Compagnies de Sappeurs. Chaque compagnie de Sappeurs, de quinze sols dix deniers à chacun des six Sergens, onze sols huit deniers à chacun des six Caporaux, huit sols huit deniers à chacun des six Anspessades, six sols huit deniers à chacun de dix-huit des soixante-dix-neuf Sappeurs, quatre sols deux deniers à chacun des soixante-un autres, & six sols huit deniers à chacun des trois Tambours.

Compagnies de Canonniers. Chaque compagnie de Canonniers, de quinze sols dix deniers à chacun des six Sergens, onze sols huit deniers à chacun des six Caporaux, huit sols huit deniers à chacun des six Anspessades, six sols huit deniers à chacun de dix-huit des soixante-dix-neuf Canonniers, quatre sols deux deniers à chacun de dix-huit autres, trois sols deux deniers à chacun des quarante-trois reſtans, & ſix ſols huit deniers à chacun des trois Tambours.

Compagnies de Bombardiers.

Chaque compagnie de Bombardiers, de quinze ſols dix deniers à chacun des ſix Sergens, douze ſols deux deniers à chacun des ſix Caporaux, dix ſols deux deniers à chacun des ſix Anſpeſſades, neuf ſols deux deniers à chacun de quatre des ſeize Artificiers-bombardiers, huit ſols huit deniers à chacun de ſix deſdits Artificiers-bombardiers, ſept ſols huit deniers à chacun des ſix autres, ſix ſols huit deniers à chacun de douze des ſoixante-trois Bombardiers, quatre ſols deux deniers à chacun de douze autres, trois ſols deux deniers à chacun des trente-neuf reſtans, & ſix ſols huit deniers à chacun des trois Tambours.

État-major.

L'État-major de chaque brigade, composé d'un Brigadier ou Chef de brigade, d'un Colonel, d'un Lieutenant-Colonel, un Major, un Aide-major, un Sous-aide-major, un Garçon-major, un Aumônier & un Chirurgien, ſera payé en campagne ſur le pied par jour; ſavoir, de quinze livres ſeize ſols huit deniers au Chef de brigade, douze livres dix ſols au Colonel, huit livres dix ſols au Lieutenant-colonel, ſept livres dix ſols au Major, cinq livres dix ſols à l'Aide-major, quarante-ſix ſols huit deniers au Sous-aide-major, trente-ſix ſols huit deniers au Garçon-major, vingt-trois ſols dix deniers à l'Aumônier, & vingt-neuf ſols quatre deniers au Chirurgien.

Compagnies d'Ouvriers.

Les ſix compagnies d'Ouvriers, qui en conſéquence de ladite ordonnance du 27 février dernier, ont été retirées des brigades du Corps Royal de l'Artillerie pour être attachées chacune à une brigade, ſans cependant en faire partie; chaque compagnie compoſée d'un Capitaine en premier, un Capitaine en ſecond, un Lieutenant en premier, un Lieutenant en ſecond, un Lieutenant en troiſième, trois Sergens ou Maîtres-ouvriers, un maître Batelier-ſergent, trois Caporaux ou Sous-maîtres, un Caporal maître Charpentier de bateau, quatre Anſpeſſades, dont un Calfat, trente Ouvriers, ſept Charpentiers de bateau, Calfats ou Bateliers, neuf Apprentiſs-ouvriers, & deux Tambours, ſera payée en ſervant en campagne, ſur le pied par jour, de cinq livres au Capitaine en premier, cinquante ſols au Capitaine en ſecond, quarante ſols au Lieutenant en premier, trente ſols au Lieutenant en ſecond, vingt-trois ſols quatre deniers au Lieutenant en troiſième, ſeize ſols dix deniers à chaque Sergent ou Maître-ouvrier, pareils ſeize ſols dix deniers au maître Batelier-ſergent, ſeize ſols deux deniers à chaque Caporal ou Sous-maître, pareils ſeize ſols deux deniers au Caporal maître Charpentier de bateau, quatorze ſols deux deniers à chaque Anſpeſſade, y compris l'Anſpeſſade-calfat; treize ſols deux deniers à chacun de douze des trente Ouvriers, pareils treize ſols deux deniers aux ſept Charpentiers de bateau, Calfats ou Bateliers; dix ſols deux deniers aux dix-huit autres Ouvriers, huit ſols deux deniers à chacun des neuf Apprentiſs, & ſept ſols huit deniers à chacun des deux Tambours.

Payes de gratification.

Le Capitaine recevra de plus huit payes de gratification de dix ſols deux deniers chacune, ſa compagnie étant complète de ſoixante hommes, ſix à cinquante-neuf, quatre à cinquante-huit, trois à cinquante-ſept, deux à cinquante-ſix, & aucune la compagnie étant au deſſous dudit nombre de cinquante-ſix hommes.

Compagnies de Mineurs.

Les ſix compagnies de Mineurs attachées au Corps du Génie

Génie par ordonnance du 10 mars 1759, composées chacune d'un Capitaine, un Capitaine en second, un Lieutenant, deux Lieutenans en second, quatre Sergens, quatre Caporaux, quatre Anspessades, quarante-six Mineurs ou Apprentifs, & deux Tambours, seront payées en servant en campagne, sur le pied par jour, de sept livres treize sols quatre deniers au premier Capitaine ayant rang de Lieutenant-colonel, tant en qualité de Capitaine qu'en celle de Commandant les six compagnies; cinq livres à chacun des cinq autres Capitaines, quatre livres trois sols quatre deniers au premier Capitaine en second établi dans la première compagnie, cinquante sols à chaque autre Capitaine en second, quarante sols à chaque Lieutenant, trente sols à chaque Lieutenant en second, seize sols dix deniers à chacun des quatre Sergens par compagnie, douze sols huit deniers à chacun des quatre Caporaux, neuf sols huit deniers à chacun des quatre Anspessades, huit sols huit deniers à chacun des vingt-quatre Mineurs, cinq sols deux deniers à chacun des vingt-deux Apprentifs, & sept sols huit deniers à chacun des deux Tambours.

Payes de gratification.

Le Capitaine recevra de plus huit payes de gratification à raison de sept sols deux deniers chacune, sa compagnie étant complète de soixante hommes, six à cinquante-neuf, quatre à cinquante-huit, trois à cinquante-sept, deux à cinquante-six, & aucune la compagnie étant au dessous dudit nombre de cinquante-six hommes.

État-major des Mineurs.

Il sera payé au Major des Mineurs établi par ordonnance du 10 mars 1759, sept livres dix sols par jour, & à l'Aide-major cinq livres dix sols.

Supplément de solde.

Comme il se trouve, par les différens changemens que Sa Majesté a jugé à propos de faire dans le Corps

Royal de l'Artillerie & dans les compagnies de Sappeurs, Mineurs & Ouvriers, plusieurs hommes qui éprouvent une diminution sur leur solde, l'intention de Sa Majesté est qu'elle leur soit continuée sur l'ancien pied tant qu'ils existeront à leur troupe, jusqu'à ce qu'ils soient montés à des grades dont la paye sera équivalente; au moyen de quoi les Commissaires des guerres feront mention dans leurs revûes du supplément de paye qui reviendra à chacun de ces hommes, conformément à l'état qui leur en sera remis par le Major ou Officier chargé du détail de chaque brigade du Corps Royal de l'Artillerie & des compagnies de Mineurs, & le décompte leur en sera fait en conséquence desdites revûes; lequel supplément s'éteindra à mesure que les hommes viendront à manquer, ou qu'ils monteront à des grades dont la paye équivaudra celle qu'ils avoient.

Enjoint Sa Majesté auxdits Majors ou Officiers chargés du détail, de remettre lors de chaque revûe un état exact & fidèle des hommes qui sont dans le cas de jouir de ce supplément, lequel état ils certifieront véritable.

L'intention de Sa Majesté est aussi que ce supplément leur soit payé lorsqu'ils marcheront par étape, indépendamment de celui qui leur est réglé par l'ordonnance de solde d'hiver.

Masse de l'Infanterie françoise, des régimens Royal-Lorraine & Royal-Barrois, du corps des Grenadiers de France, du Corps royal de

Outre la solde ci-dessus de l'Infanterie françoise, des régimens Royal-Lorraine & Royal-Barrois, du corps des Grenadiers de France, & des six brigades du corps royal de l'Artillerie, des six compagnies d'Ouvriers, & des six compagnies de Mineurs, il sera payé vingt-quatre deniers par jour pour chaque Sergent & Maître-Ouvrier, dont quatre deniers d'augmentation; & douze deniers pour chaque Caporal, Anspessade, Grenadier, Fusilier, Sappeur,

Canonnier, Bombardier, Mineur, Sous-maître-ouvrier, Ouvrier, Apprentif & Tambour, dont deux deniers d'augmentation, pour former une Masse toûjours complète, qui restera entre les mains des Trésoriers généraux de l'Extraordinaire des guerres & de l'Artillerie, & dont la main-levée sera ordonnée, ainsi qu'il est réglé par l'ordonnance du premier avril dernier.

l'Artillerie, & des compagnies d'Ouvriers & de Mineurs.

RÉGIMENS de GRENADIERS-ROYAUX, de deux bataillons chacun.

LES Régimens de Grenadiers-royaux, formés des compagnies de Grenadiers & des Grenadiers-postiches des bataillons de Milices, seront payés, en servant en campagne, savoir;

Chaque compagnie formant deux troupes, l'une de Grenadiers, & l'autre de Grenadiers-postiches, à raison par jour, pour celle de Grenadiers composée de cinquante hommes, de quatre livres au Capitaine, trente-deux sols au premier Lieutenant, vingt sols au second Lieutenant, sept sols quatre deniers à chacun des deux Sergens, dont un sol quatre deniers de supplément; cinq sols huit deniers à chacun des trois Caporaux, dont un sol onze deniers de supplément; quatre sols huit deniers à chacun des trois Anspessades, dont un sol deux deniers de supplément; trois sols huit deniers à chacun des quarante-un Grenadiers, dont huit deniers de supplément; & cinq sols huit deniers au Tambour, dont huit deniers de supplément, lequel, à ce moyen, entretiendra sa caisse de peaux & de cordages, & se fournira de baguettes.

Compagnie de Grenadiers-postiches.

Et pour celle de Grenadiers-postiches, composée de soixante hommes, à raison par jour, de trois livres dix sols au Capitaine, vingt-cinq sols au Lieutenant, six sols quatre deniers à chacun des trois Sergens, dont un sol quatre deniers de supplément; quatre sols huit deniers à chacun des trois Caporaux, dont un sol cinq deniers de supplément; trois sols huit deniers à chacun des trois Anspessades, dont huit deniers de supplément; deux sols huit deniers à chacun des cinquante Grenadiers-postiches, dont deux deniers de supplément; & quatre sols huit deniers au Tambour, dont huit deniers de supplément, lequel, à ce moyen, entretiendra sa caisse de peaux & de cordages, & se fournira de baguettes.

Pain de munition & la viande aux Sergens & Soldats.

Les Sergens, Caporaux, Anspessades, Grenadiers, Grenadiers-postiches & Tambours, auront en campagne du pain de munition & de la viande, outre la solde ci-dessus; au moyen de laquelle ils seront tenus de s'entretenir de linge & de chaussure.

Seconds Lieutenans pour porter les drapeaux.

Il sera payé vingt sols par jour au second Lieutenant entretenu aux Grenadiers-postiches des deux premières compagnies de chacun desdits régimens, pour porter les drapeaux.

État-major.

L'État-major de chacun desdits régimens, sera payé sur le pied par jour, de douze livres au Colonel; dix livres au Lieutenant-colonel, tant pour leurs appointemens en ladite qualité, que pour leur tenir lieu de ceux de Capitaine, n'ayant point de compagnies; six livres au Major, & trois livres à chacun des deux Aides-majors.

Bataillons de Milice.

Les Officiers des bataillons de Milice, que Sa Majesté jugera à propos de faire servir dans ses armées, soit pour la communication, soit pour camper, continueront d'être payés de leurs appointemens sur le pied réglé par l'ordonnance de solde des Troupes du 25 février dernier.

A l'égard des Sergens, Caporaux, Anspessades, Fusiliers & Tambours, de ceux desdits bataillons qui serviront dans les Places pour la communication, ils continueront aussi d'être payés de leur solde sur le pied réglé par ladite ordonnance du 25 février dernier.

Et ceux desdits bataillons qui camperont, seront payés sur le pied par jour, de six sols quatre deniers à chaque Sergent, quatre sols huit deniers à chaque Caporal, trois sols huit deniers à chaque Anspessade, deux sols huit deniers à chaque Fusilier, & quatre sols huit deniers à chaque Tambour.

Les Sergens, Caporaux, Anspessades, Fusiliers & Tambours des bataillons qui camperont, auront du pain de munition & de la viande outre la solde ci-dessus, au moyen de laquelle ils seront obligés de s'entretenir de linge & de chaussure.

A l'égard de ceux des bataillons employés pour les communications, il leur sera aussi fourni du pain & de la viande; mais comme ils sont à la solde de garnison, il leur sera retenu deux sols pour chaque ration de pain, & un sol pour chaque ration de viande.

Pain de munition aux Officiers des régimens de Grenadiers royaux & des bataillons de Milice.

Sa Majesté voulant bien faire participer les Officiers des régimens de Grenadiers-royaux, qui servent dans ses armées, & ceux des bataillons de Milice qui camperont, à la grace qu'Elle a accordée à plusieurs de ses troupes, en leur faisant délivrer la fourniture du pain *gratis*, pour laquelle on leur retenoit deux sols par ration, son intention est que cette fourniture leur soit faite aussi *gratis* sur le pied des quantités réglées pour chaque grade, comme à l'Infanterie françoise.

A l'égard des Officiers des bataillons employés pour les communications, ils auront la liberté d'en prendre comme par le passé; mais il sera retenu sur leurs appointemens deux sols pour chaque ration de pain qui leur sera fournie.

Traitement des Aumôniers des régimens de Grenadiers-royaux ou des brigades de Milice.

Il ſera accordé à chacun des Religieux qui auront été choiſis pour ſervir en qualité d'Aumôniers des régimens de Grenadiers-royaux ou des brigades de Milice, une ſomme de trois cens livres, laquelle ſera payée une ſeule fois, au commencement de la guerre, à chacun deſdits Religieux pour leur donner moyen d'acheter un veſtiaire & un cheval de monture.

Ils jouiront de quatre-vingt-dix livres d'appointemens par mois de trente jours; il leur ſera délivré deux rations de pain par jour, en campagne ſeulement, & une ration de fourrage par jour, été & hiver, lorſque leſdits régimens ſeront deſtinés à rentrer en campagne; au moyen duquel traitement, leſdits Aumôniers ſeront tenus de s'entretenir de veſtiaire, & de ſe fournir de chevaux, ſi bon leur ſemble.

IV.

TROUPES LÉGÉRES.

RÉGIMENS des VOLONTAIRES de FLANDRE, du HAYNAULT, du DAUPHINÉ, de CLERMONT & d'AUSTRASIE.

LES régimens des Volontaires de Flandre, des Volontaires du Haynault, des Volontaires du Dauphiné, des Volontaires de Clermont & des Volontaires d'Auſtraſie, compoſés en conſéquence de l'ordonnance du 22 novembre dernier, de neuf cens quarante-huit hommes chacun, diviſés en dix-ſept compagnies, dont une de Grenadiers de ſoixante hommes, huit de Fuſiliers de ſoixante-onze, & huit de Dragons de quarante hommes chacune, ſeront payés, ſavoir;

Compagnies de Grenadiers.

La compagnie de Grenadiers de chaque régiment, compoſée d'un Capitaine, un Lieutenant, un Sous-lieutenant, deux Sergens, un Fourrier, quatre Caporaux, quatre Anſpeſſades, quarante-huit Grenadiers & un Tambour, ſur le pied par jour, de ſix livres treize ſols quatre deniers au Capitaine, cinquante ſols au Lieutenant, trente-trois ſols quatre deniers au Sous-lieutenant, douze ſols quatre deniers à chacun des deux Sergens, dix ſols au Fourrier, huit ſols huit deniers à chacun des quatre Caporaux, ſept ſols huit deniers à chacun des quatre Anſpeſſades, ſix ſols huit deniers à chacun des quarante-huit Grenadiers & au Tambour.

Le Capitaine recevra de plus ſix payes de gratification de ſix ſols huit deniers chacune, ſa compagnie étant complète au nombre de ſoixante hommes, trois à cinquante-neuf, une à cinquante-huit, & aucune au deſſous dudit nombre de cinquante-huit hommes.

Compagnies de Fuſiliers.

Chacune des huit compagnies de Fuſiliers, composée d'un Capitaine, un Lieutenant, un Sous-lieutenant, trois Sergens, un Fourrier, ſix Caporaux, ſix Anſpeſſades, cinquante-quatre Fuſiliers & un Tambour; à raiſon par jour, de cinq livres au Capitaine, quarante ſols au Lieutenant, trente ſols au Sous-lieutenant, onze ſols quatre deniers à chacun des trois Sergens, neuf ſols au Fourrier, ſept ſols huit deniers à chacun des ſix Caporaux, ſix ſols huit deniers à chacun des ſix Anſpeſſades, & cinq ſols huit deniers à chacun des cinquante-quatre Fuſiliers & au Tambour.

Le Capitaine recevra de plus ſept payes de gratification de cinq ſols huit deniers chacune, ſa compagnie étant complète à ſoixante-onze hommes, cinq de ſoixante-neuf à ſoixante-dix, trois à ſoixante-ſept & ſoixante-huit, & aucune au deſſous dudit nombre de ſoixante-ſept.

Compagnies de Dragons.

Chacune des huit compagnies de Dragons, composée d'un Capitaine, un Lieutenant, un Cornette, un Maréchal-

1002

des-logis, un Fourrier, deux Brigadiers, trente-ſix Dragons & un Tambour; à raiſon par jour, de ſix livres au Capitaine, cinquante ſols au Lieutenant, quarante ſols au Cornette, vingt-ſix ſols huit deniers au Maréchal-des-logis, dix ſols ſix deniers au Fourrier, huit ſols à chacun des deux Brigadiers, & ſept ſols à chacun des trente-ſix Dragons & au Tambour.

État-major. L'État-major de chacun des cinq régimens des Volontaires de Flandre, du Haynault, du Dauphiné, de Clermont & d'Auſtraſie, ſera payé à raiſon par jour, de ſeize livres treize ſols quatre deniers au Colonel, dix livres au Lieutenant-colonel, qui ne doivent point avoir de compagnie; ſix livres au Major, trois livres ſix ſols huit deniers à l'Aide-major d'Infanterie, quatre livres à l'Aide-major de Dragons, trente ſols à l'Aumônier, & trente ſols au Chirurgien.

Commandant de bataillons. Sa Majeſté ayant réglé que le premier Capitaine d'Infanterie de chacun de ces cinq régimens auroit le commandement de toute l'Infanterie du Corps, avec le rang de Commandant de bataillon, il lui ſera payé, en ladite qualité, trente-ſix ſols huit deniers par jour, indépendamment de ſon traitement de Capitaine.

Le ſieur de Romé. Sa Majeſté ayant bien voulu conſerver au ſieur de Romé, ci-devant Lieutenant-colonel du régiment des Volontaires-Liégeois, les mêmes appointemens qu'il avoit en ladite qualité, en l'entretenant Lieutenant-colonel réformé à la ſuite des Corps de Troupes légères, il ſera payé ſur le pied de dix livres par jour, juſqu'à ce qu'il ſoit pourvû de la première place de Lieutenant-colonel qui viendra à vaquer dans l'un deſdits cinq régimens.

Capitaines en ſecond entretenus Ceux des Capitaines en ſecond qui, après la nouvelle compoſition

composition de ces régimens, faite en conséquence de ladite ordonnance du 22 novembre dernier, se sont trouvés sans emploi, & que Sa Majesté a jugé à propos d'entretenir en qualité de Capitaines réformés à la suite des corps de Troupes légères, continueront de jouir des mêmes appointemens qu'ils avoient, jusqu'à ce qu'ils soient remplacés à des compagnies lorsqu'il en vaquera.

réformés jusqu'à leur remplacement.

La Légion-royale, portée par ordonnance du 10 février 1759, à dix-huit cens hommes en dix-sept compagnies, dont deux de Grenadiers de quarante-cinq hommes, douze de cent vingt-cinq hommes, dont soixante-quinze à pied, & cinquante Dragons montés, deux compagnies d'Hussards de soixante-quinze hommes, & une d'Ouvriers de soixante, continuera d'être payée, savoir;

LÉGION-ROYALE. Composition.

Chacune des deux compagnies de Grenadiers, sur le pied par jour, de cinq livres au Capitaine, dont vingt sols de supplément; cinquante sols au Lieutenant, quarante sols au Lieutenant en second, douze sols quatre deniers à chacun des deux Sergens, huit sols huit deniers à chacun des trois Caporaux, sept sols huit deniers à chacun des trois Anspessades, six sols huit deniers à chacun des trente-six Grenadiers & au Tambour; & pareils six sols huit deniers pour chacune des cinq payes de gratification, dont deux de supplément, que le Capitaine recevra par jour, sa compagnie étant complète de quarante-cinq hommes, & rien au dessous dudit nombre.

Compagnies de Grenadiers.

Payes de gratification.

Chacune des douze compagnies de cent vingt-cinq hommes, dont soixante-quinze d'Infanterie & cinquante de Dragons, sera payée à raison par jour, de six livres au Capitaine titulaire; & pour la partie de l'Infanterie, de cinquante-six sols huit deniers au Capitaine en second,

Compagnies de cent vingt-cinq hommes, dont soixante-quinze à pied, & cinquante Dragons montés.

Infanterie. dont ſix ſols huit deniers de ſupplément; quarante ſols au Lieutenant, dont cinq ſols de ſupplément; trente ſols au Lieutenant en ſecond, onze ſols quatre deniers à chacun des quatre Sergens, ſept ſols huit deniers à chacun des ſix Caporaux, ſix ſols huit deniers à chacun des ſix Anſpeſſades, & cinq ſols huit deniers à chacun des cinquante-huit Fuſiliers & au Tambour.

Payes de gratification. Le Capitaine titulaire recevra en outre neuf payes de gratification de cinq ſols huit deniers chacune, pour ſa compagnie d'Infanterie, lorſqu'elle ſera complète de ſoixante-quinze hommes, ſix à ſoixante-quatorze, trois à ſoixante-douze & ſoixante-treize, deux à ſoixante-onze, une à ſoixante-dix, & rien au deſſous dudit nombre de ſoixante-dix hommes.

Dragons. Et pour la partie de Dragons, il ſera payé au Capitaine en ſecond trois livres ſix ſols huit deniers, dont ſix ſols huit deniers de ſupplément, cinquante ſols au Lieutenant, dont dix ſols de ſupplément; quarante ſols au Lieutenant en ſecond, vingt-ſix ſols huit deniers au Maréchal-des-logis, dix ſols ſix deniers au Fourrier établi par ordonnance du premier novembre 1758, huit ſols à chacun des trois Brigadiers, & ſept ſols à chacun des quarante-cinq Dragons & un Tambour.

Compagnies d'Huſſards. Chacune des deux compagnies d'Huſſards, ſera payée à raiſon par jour, de ſix livres au Capitaine, trois livres au premier Lieutenant, cinquante ſols au ſecond Lieutenant, quarante-cinq ſols au Cornette, vingt-ſix ſols huit deniers à chacun des deux Maréchaux-des-logis, douze ſols au Fourrier, neuf ſols à chacun des ſix Brigadiers, & ſept ſols à chacun des ſoixante-ſept Huſſards & un Trompette.

1005

La compagnie d'Ouvriers de soixante hommes, sera payée à raison par jour, de quatre livres au Capitaine, quarante sols au Lieutenant, trente sols au Lieutenant en second, vingt-cinq sols au Sous-lieutenant, seize sols quatre deniers à chacun des trois Sergens, quatorze sols quatre deniers à chacun des trois Maîtres-ouvriers, douze sols deux deniers à chacun des trois Sous-maîtres, dix sols deux deniers à chacun des vingt-un Charpentiers, & huit sols deux deniers à chacun des trente Apprentifs, y compris le Tambour. *Compagnie d'Ouvriers.*

Le Capitaine recevra de plus six payes de gratification de huit sols deux deniers chacune, sa compagnie étant complète de soixante hommes, trois à cinquante-neuf, une à cinquante-huit, & rien au dessous dudit nombre de cinquante-huit hommes. *Payes de gratification.*

Il sera payé vingt sols par jour au Charretier attaché à ladite compagnie, pour conduire le Caisson destiné à porter les outils & munitions, lequel Caisson sera attelé de trois chevaux à chacun desquels il sera fourni une ration de fourrages. *Charretier.*

L'État-major de la Légion-royale, sera payé sur le pied par jour, de seize livres treize sols quatre deniers au Colonel-commandant, onze livres deux sols deux deniers deux tiers au Colonel-commandant en second, établi par ordonnance du 3 mai 1759, tant pour leurs appointement en leurdite qualité, qu'en celle de Capitaine, ne devant point avoir de compagnie; quatre livres au Lieutenant-colonel, établi par la même ordonnance du 3 mai 1759, indépendamment de ses appointemens de Capitaine; six livres au Major, trois livres six sols huit deniers à chacun des deux Aides-majors d'Infanterie, dont six *État-major.*

ſols huit deniers de ſupplément; quatre livres à chacun des deux Aides-major de Dragons, trente ſols à chacun des Aumônier & Chirurgien, & vingt ſols à chacun des Aide-chirurgien & Prevôt.

Régiment Royal-Cantabres.

Le régiment Royal-Cantabres, composé par ordonnance du 13 janvier 1759, d'un bataillon de six cens quatre hommes, en neuf compagnies, dont une de Grenadiers de cinquante-six hommes, & huit de Fuſiliers de ſoixante-huit hommes chacune, ſera payé ſur le pied par jour, ſavoir;

Compagnie de Grenadiers.

La compagnie de Grenadiers, de ſix livres au Capitaine, quarante ſols au Lieutenant, trente-trois ſols quatre deniers au Lieutenant en ſecond, douze ſols quatre deniers à chacun des deux Sergens, onze ſols deux deniers au Fourrier, dix ſols deux deniers au Capitaine d'armes, huit ſols huit deniers à chacun des quatre Caporaux, ſept ſols huit deniers à chacun des quatre Anſpeſſades, & ſix ſols huit deniers à chacun des quarante-trois Grenadiers & un Tambour.

Le Capitaine recevra de plus ſix payes de gratification de ſix ſols huit deniers chacune, ſa compagnie devant être toûjours complète, en exécution de l'ordonnance du 22 octobre 1758.

Compagnies de ſoixante-huit hommes.

Chaque compagnie de ſoixante-huit hommes, à raiſon de cinq livres au Capitaine en pied, dont trente-trois ſols quatre deniers de ſupplément; quarante ſols au Lieutenant, dont cinq ſols de ſupplément; trente-trois ſols quatre deniers au Lieutenant en ſecond, dont trois ſols quatre deniers de ſupplément; onze ſols quatre deniers à chacun des trois Sergens, dix ſols deux deniers au Fourrier, neuf ſols deux deniers au Capitaine d'armes, ſept ſols huit deniers à chacun des quâtre Caporaux, ſix ſols huit deniers à chacun des quatre Anſpeſſades, & cinq ſols huit deniers à chacun des cinquante-quatre Fuſiliers & un Tambour.

Payes de gratification.

Le Capitaine, outre ſes appointemens, recevra ſept payes de gratification de cinq ſols huit deniers chacune, ſa compagnie étant complète de ſoixante-huit hommes, cinq à ſoixante-ſix, trois à ſoixante-quatre, une à ſoixante-deux, & rien au deſſous dudit nombre de ſoixante-deux hommes.

Les quatre Capitaines en ſecond, qui, par la nouvelle compoſition de ce régiment, ſe ſont trouvés d'excédant, ſeront employés en leurdite qualité aux quatre premières compagnies de Fuſiliers, & ſeront payés de leurs appointemens, ſur le pied de cinquante-ſix ſols huit deniers par jour, juſqu'à ce qu'ils ſoient pourvûs de compagnies.

État-major.

L'État-major de ce régiment, ſera payé ſur le pied par jour, de ſeize livres treize ſols quatre deniers au Colonel-lieutenant, dix livres au Lieutenant-colonel qui n'ont point de compagnie, ſix livres au Major, trois livres ſix ſols huit deniers à l'Aide-major, y compris ſix ſols huit deniers de ſupplément; trente ſols à l'Aumônier, vingt ſols au Chirurgien, & douze ſols à chacun des quatre Tambourins.

Corps des Chasseurs de Fischer. Compoſition.

Le Corps des Chaſſeurs de Fiſcher, compoſé de douze cens hommes, en conſéquence de l'ordonnance du 8 juillet 1757, en ſeize compagnies, dont huit d'Infanterie de ſoixante-quinze hommes chacune, & huit de Cavalerie de même nombre, ſera payé ſur le pied par jour, ſavoir;

Compagnies d'Infanterie de

Chacune des compagnies d'Infanterie, de ſoixante-

soixante-quinze hommes. quinze hommes, à raison de cinquante-six sols huit deniers au Capitaine en second, dont six sols huit deniers de supplément; quarante sols au premier Lieutenant, dont cinq sols de supplément; trente-trois sols quatre deniers au second Lieutenant, dont trois sols quatre deniers de supplément; vingt sols à chacun des quatre Sergens, seize sols à chacun des six Caporaux, quatorze sols à chacun des six Anspessades & des six Grenadiers, & dix sols à chacun des cinquante-trois Chasseurs.

Sous-lieutenans. Sa Majesté ayant établi, par son ordonnance du 22 novembre dernier, un Sous-lieutenant en chacune des huit compagnies de Fusiliers dudit Corps, son intention est qu'il soit payé, sur le pied de vingt-cinq sols par jour, en passant présent aux revûes des Commissaires des guerres.

Compagnies de Cavalerie de soixante-quinze hommes. Chacune des compagnies de Cavalerie, de soixante-quinze hommes, à raison de quatre livres au premier Capitaine en second, dont treize sols quatre deniers de supplément; cinquante-six sols huit deniers au second Capitaine en second, dont six sols huit deniers de supplément; cinquante sols au premier Lieutenant, dont cinq sols de supplément; quarante sols au second Lieutenant, vingt-six sols huit deniers à chacun des deux Maréchaux-des-logis, seize sols à chacun des six Brigadiers, & dix sols à chacun des soixante-neuf Chasseurs.

État-major. L'État-major dudit Corps, sera payé sur le pied par jour, savoir; de quinze livres au sieur Fischer, tant en sa qualité de Commandant, que de Capitaine en premier des compagnies à pied & à cheval; dix livres au Lieutenant-colonel, six livres au Major, trois livres six sols huit deniers à chacun des deux Aides-majors, trente sols à l'Aumônier, vingt sols au Chirurgien, & pareils vingt sols au Prevôt.

Surnuméraires.

Les Surnuméraires que Sa Majesté a autorisé le sieur Fischer d'admettre dans ledit Corps, par son ordonnance particulière du 15 août 1757, continueront d'être payés de leur solde sur le pied de dix sols chacun par jour, suivant les revûes des Commissaires des guerres, en observant de ne point excéder le nombre de huit cens hommes fixé par ladite ordonnance, sans aucune haute-paye ni autre dépense pour Sa Majesté, tant qu'Elle jugera à propos de laisser subsister lesdits Surnuméraires au-delà des douze cens hommes à quoi Elle a fixé ledit Corps par son ordonnance du 8 juillet 1757.

Entend Sa Majesté qu'au moyen du traitement ci-dessus, le sieur Fischer sera chargé de l'habillement, armement, équipement & entretien desdits Chasseurs, tant à pied qu'à cheval.

FUSILIERS de MONTAGNE.

LE Corps des Fusiliers de Montagne, composé de cent vingt hommes, en trois compagnies de quarante hommes chacune, sera payé, savoir;

Compagnies.

Chaque compagnie sur le pied par jour, de quatre livres au Capitaine en premier, dont vingt sols de supplément; trois livres au Capitaine en second, dont dix sols de supplément; trente-trois sols quatre deniers au Lieutenant, y compris trois sols quatre deniers de supplément; quinze sols quatre deniers à chacun des trois Brigadiers, onze sols deux deniers à chacun des trois Sous-brigadiers, & neuf sols deux deniers à chacun des trente-trois Fusiliers & au Tambour.

Il sera retenu pour l'habillement, armement & équipement desdites trois compagnies, quatre sols par jour fur la folde de chaque Brigadier, trois fols fur celle de chaque Sous-brigadier, & deux fols fur celle de chaque Fufilier & Tambour: Mais comme cette retenue ne peut avoir lieu fur la folde que pour le nombre d'hommes dont les compagnies fe trouveront compofées aux revûes des Commiffaires des guerres, ce qui opéreroit un vuide au Capitaine dans les fonds deftinés aux réparations de fa troupe; & Sa Majefté voulant y fuppléer, Elle veut bien prendre fur fon compte les deux fols affectés à l'habillement, équipement & armement de chacun des Fufiliers qui manqueront aux revûes, afin que cela compofe une fomme toûjours égale, fans avoir égard aux hommes qui pourroient manquer dans les compagnies, pour compofer à la fin de l'année une Maffe complète fur le pied ci-deffus, laquelle demeurera entre les mains du Tréforier général de l'Extraordinaire des guerres, pour être payée fur la main-levée d'un Infpecteur d'Infanterie; au moyen de quoi, chaque Capitaine fera chargé de l'entretien général de fa troupe.

État-major.

L'État-major dudit Corps de Fufiliers de Montagne, fera payé à raifon par jour, de fix livres treize fols quatre deniers au Commandant, dont trente-trois fols quatre deniers de fupplément, tant pour fes appointemens en ladite qualité, que pour lui tenir lieu de ceux de Capitaine, ne devant être attaché à aucune compagnie; & trois livres fix fols huit deniers à l'Aide-major, y compris feize fols huit deniers de fupplément.

COMPAGNIE *de* FUSILIERS-GUIDES.

LA compagnie de Fufiliers-guides, créée par ordonnance du 26 décembre 1756, fur le pied de vingt-cinq hommes, dont treize à pied & douze à cheval, & portée par celle du 19 mars dernier, à quarante hommes à cheval,

cheval, ſera payée à raiſon par jour, de quatre livres au Capitaine, vingt-ſept ſols huit deniers au Lieutenant, vingt ſols au Sous-lieutenant, treize ſols quatre deniers à chacun des deux Sergens, dix ſols huit deniers à chacun des deux Caporaux; huit ſols huit deniers à chacun des deux Anſpeſſades, & ſix ſols huit deniers à chacun des trente-quatre Fuſiliers-guides. Le Capitaine recevra de plus trois payes de gratification de ſix ſols huit deniers chacune, la compagnie étant complète de quarante hommes. *Payes de gratification.*

Compagnie franche de Volontaires. La compagnie franche de Volontaires, créée par ordonnance du 12 décembre 1759, compoſée de cent cinquante hommes, dont cent à pied & cinquante à cheval, ſous la dénomination de Dragons, & commandée par le ſieur de Cambefort, ſera payée ſur le pied par jour, de ſix livres au Capitaine titulaire.

Infanterie. La partie d'Infanterie, compoſée d'un Capitaine en ſecond, d'un Lieutenant, un Sous-lieutenant, quatre Sergens, ſix Caporaux, ſix Anſpeſſades, quatre-vingt-deux Fuſiliers & deux Tambours, de trois livres ſix ſols huit deniers au Capitaine en ſecond, de quarante ſols au Lieutenant, trente ſols au Sous-lieutenant, onze ſols quatre deniers à chacun des quatre Sergens, ſept ſols huit deniers à chacun des ſix Caporaux, ſix ſols huit deniers à chacun des ſix Anſpeſſades, & cinq ſols huit deniers à chacun des quatre-vingt-quatre Fuſiliers & Tambours.

Dragons. La partie de Dragons, compoſée d'un Lieutenant, un Sous-lieutenant, deux Maréchaux-des-logis, deux Brigadiers, quarante-ſept Dragons & un Tambour, de cinquante ſols au Lieutenant, quarante ſols au Sous-lieutenant, vingt-ſix ſols huit deniers à chacun des deux

Maréchaux-des-logis, huit ſols à chacun des deux Brigadiers, & ſept ſols à chacun des quarante-ſept Dragons & au Tambour.

MASSE des Troupes légères. Outre la ſolde ci-deſſus réglée pour les régimens des Volontaires de Flandre, du Haynault, de Dauphiné, de Clermont & d'Auſtraſie, la Légion-royale, le régiment Royal-Cantabres, la compagnie de Fuſiliers-guides & la Compagnie franche de Volontaires, il ſera payé vingt-quatre deniers par jour pour chaque Sergent & Maître-ouvrier, dont quatre deniers d'augmentation; & douze deniers, dont deux d'augmentation, pour chaque Caporal, Anſpeſſade, Grenadier, Fuſilier, Ouvrier, Brigadier, Sous-brigadier, Volontaire, Cavalier, Dragon, Fuſilier-guide, Trompette, Timbalier & Tambour, pour former une Maſſe toûjours complète par année, laquelle reſtera entre les mains du Tréſorier général de l'Extraordinaire des guerres, pour être délivrée & employée, comme il eſt réglé à l'article de la Maſſe de l'Infanterie françoiſe; Sa Majeſté voulant que ladite Maſſe ait lieu au complet, ainſi qu'elle eſt fixée ci-deſſus, pour tous leſdits Corps.

Gratifications attachées aux charges. Sa Majeſté ayant bien voulu accorder des gratifications attachées aux charges, aux Lieutenans-colonels, Majors & Aides-majors de pluſieurs deſdits régimens de Troupes légères, ils en ſeront payés ſuivant les ordres particuliers qu'Elle en fera expédier chaque année.

Entend Sa Majeſté, que ſur la paye des Sergens, Caporaux, Anſpeſſades, Grenadiers, Fuſiliers & Tambours, il en ſoit affecté à l'entretien du linge & chauſſure, ſavoir; ſeize deniers pour chaque Sergent, dont quatre deniers de ſupplément; & huit deniers auſſi par jour, dont deux deniers de ſupplément, pour chaque Caporal,

Anſpeſſade, Grenadier, Fuſilier & Tambour, tant des troupes d'Infanterie françoiſe & de la Milice, que des Troupes légères.

V.

INFANTERIE SUISSE ET GRISONNE.

Suisses & Grisons. Compagnies.

Les compagnies des régimens Suiſſes & Griſons, qui ont été ou ſeront mis à la ſolde de guerre, en vertu des ordonnances particulières que Sa Majeſté en a fait ou en fera expédier, recevront cette ſolde juſqu'à ce qu'Elle en ordonne autrement, ſur le pied de dix-ſept livres huit ſols pour chaque homme par mois, les Officiers compris, & pour chacune des quarante payes de gratification que Sa Majeſté accorde au Capitaine, à tel nombre d'hommes que ſa compagnie paſſe aux revûes des Commiſſaires des guerres, ſur laquelle ſolde il ſera retenu deux ſols pour chacune des rations de pain de munition qui ſeront fournies auxdites compagnies, ſuivant les revûes des Commiſſaires des guerres prépoſés à cet effet.

Payes de gratification.

Retenue pour le pain.

État-major.

L'État-major de chacun des régimens Suiſſes & Griſons, qui ſera à la paye de guerre, ſera payé à raiſon de dix-neuf cens ſoixante livres huit ſols par mois, au lieu de mille livres, auſſi par mois, qu'il reçoit lorſque les régimens ſont à la ſolde de paix.

Solde de garniſon.

A l'égard de ceux deſdits régimens, auxquels Sa Majeſté n'aura point accordé d'ordre particulier pour être mis à la ſolde de guerre, ils continueront d'être payés en conformité de ce qui eſt réglé par l'ordonnance du 25 février dernier.

VI.

INFANTERIE ÉTRANGÉRE.

RÉGIMENS ALLEMANDS D'ALSACE, D'ANHALT, LA MARCK, ROYAL-SUÉDOIS, ROYAL-BAVIÈRE, NASSAU & ROYAL-DEUX-PONTS.

Les régimens d'Infanterie allemande d'Alſace, d'Anhalt, la Marck, Royal-Suédois, Royal-Bavière, Naſſau & Royal-Deux-Ponts, auxquels Sa Majeſté a jugé à propos, par ſon ordonnance du 18 janvier dernier, de faire plusieurs changemens dans la compoſition & la ſolde, compoſés actuellement, ſavoir, le régiment d'Alſace de quatre bataillons, & chacun des ſix autres de trois bataillons.

Chaque bataillon compoſé de neuf compagnies, dont une de Grenadiers de cinquante-deux hommes, & huit de Fuſiliers de ſoixante-dix-neuf hommes, ſera payé ſur le pied, ſavoir;

Compagnies de Grenadiers.

La compagnie de Grenadiers, compoſée d'un Capitaine, un Lieutenant, un Sous-lieutenant, deux Sergens, un Fourrier, quatre Caporaux, deux Appointés, quarante-deux Grenadiers & un Tambour, ſur le pied par jour, de ſix livres au Capitaine, cinquante-trois ſols quatre deniers au Lieutenant, quarante ſols au Sous-lieutenant, vingt ſols au premier Sergent, treize ſols au ſecond Sergent, dix ſols au Fourrier, huit ſols à chacun des quatre Caporaux, ſept ſols ſix deniers à chacun des deux Appointés, ſix ſols ſix deniers à chacun des quarante-deux Grenadiers, & huit ſols au Tambour.

Compagnies de Fuſiliers.

Chaque compagnie de Fuſiliers, compoſée d'un Capitaine, un Lieutenant, un Sous-lieutenant, quatre Sergens, un Fourrier, huit Caporaux, quatre Appointés, ſoixante Fuſiliers & deux Tambours, ſur le pied par jour, ſavoir;

Aux Capitaines des deux premières compagnies, cinq livres six sols huit deniers chacun.

Aux Capitaines des deux compagnies qui suivent par leur rang, cinq livres chacun.

Aux Capitaines des quatre dernières compagnies, quatre livres treize sols quatre deniers à chacun.

A chaque Lieutenant, cinquante sols.

A chaque Sous-lieutenant, trente-trois sols quatre deniers.

A l'égard des Sergens, Caporaux, Appointés, Fusiliers & Tambours desdites compagnies de Fusiliers, ils seront payés sur le pied par jour, de vingt sols au premier Sergent, douze sols à chacun des trois autres, neuf sols au Fourrier, sept sols à chacun des huit Caporaux, six sols six deniers à chacun des quatre Appointés, cinq sols six deniers à chacun des soixante Fusiliers, & sept sols à chacun des deux Tambours.

L'intention de Sa Majesté est qu'il soit fourni en campagne, aux Officiers desdits régimens, du pain de munition *gratis*, sur le même pied qu'à ceux des régimens d'Infanterie françoise, & aux Sergens, Fourriers, Caporaux, Appointés, Grenadiers, Fusiliers & Tambours, à la retenue de deux sols par ration sur leur solde.

Il sera pareillement fourni de la viande en campagne aux Sergens, Fourriers, Caporaux, Appointés, Grenadiers, Fusiliers & Tambours, à la retenue d'un sol par ration, aussi sur leur solde.

Veut Sa Majesté que les Commandans de bataillon, soient compris, pour leurs appointemens de Capitaine, dans la classe des premiers Capitaines; mais les Colonels, les Colonels-commandans & les Lieutenans-colonels ne

1016

feront compris pour leurs appointemens de Capitaine que dans la claffe des derniers.

Capitaines-lieutenans.

Sa Majefté ayant établi dans chacune des compagnies Colonelle, Colonelle-commandante, Lieutenante-colonelle & Commandante de bataillon, un Capitaine-lieutenant, pour fuppléer au fervice de ces Officiers fupérieurs, il fera payé à raifon de quatre livres par jour, & aura le rang & les prérogatives de Capitaine en pied.

Enfeignes.

Les deux Enfeignes par bataillon, établis pour porter les drapeaux, feront payés à raifon de vingt-fix fols huit deniers chacun par jour.

État-major du régiment d'Alface.

L'État-major du régiment d'Alface, compofé d'un Colonel, lequel ne doit point jouir d'appointemens, un Colonel en fecond, un Colonel-commandant, un Lieutenant - colonel, trois Commandans de bataillon, un Major, quatre Aides-major, quatre Sous-aides-major, deux Interprètes, un Aumônier, un Chirurgien, un Auditeur, un Prevôt, un Greffier, un Tambour-major, deux Archers & un Exécuteur, fera payé à raifon par jour, de trente-trois livres fix fols huit deniers au Colonel en fecond, qui en jouira jufqu'à ce qu'il plaife à Sa Majefté d'en faire jouir le Colonel titulaire; feize livres treize fols quatre deniers au Colonel-commandant, huit livres fix fols huit deniers au Lieutenant-colonel, quarante fols à chaque Commandant de bataillon, indépendamment de leur traitement de Capitaine; dix livres au Major, quatre livres à chaque Aide-major, trois livres fix fols huit deniers à chacun des Sous-aides-major, trois livres fix fols huit deniers à chacun des premier & fecond Interprètes, trente fols à l'Aumônier, trente-trois fols quatre deniers au Chirurgien, pareils trente-trois fols quatre deniers à l'Auditeur, vingt-six sols huit deniers au Prevôt, treize sols quatre deniers au Greffier, pareils treize sols quatre deniers au Tambour-major; & douze sols à chacun des deux Archers & à l'Exécuteur.

États-majors des régimens d'Anhalt, la Marck, Royal-Suédois, Royal-Bavière & Nassau.

L'État-major de chacun des régimens d'Anhalt, la Marck, Royal-Suédois, Royal-Bavière & Nassau, composé d'un Colonel, un Colonel-commandant, un Lieutenant-colonel, deux Commandans de bataillon, un Major, trois Aides-major, trois Sous-aides-major, deux Interprètes, un Aumônier, un Chirurgien, un Auditeur, un Prevôt, un Greffier, un Tambour-major, deux Archers & un Exécuteur, sera payé par jour sur le pied ci-dessus réglé pour les Officiers de l'État-major du régiment d'Alsace.

État-major du régiment Royal-Deux-Ponts.

L'État-major du régiment Royal-Deux-Ponts, composé d'un Colonel-lieutenant, un Colonel-commandant, un Lieutenant-colonel, deux Commandans de bataillon, un Major, trois Aides-major, trois Sous-aides-major, un Interprète, un Aumônier, un Chirurgien, un Auditeur, un Prevôt, un Greffier, un Tambour-major, deux Archers & un Exécuteur, sera aussi payé par jour sur le pied réglé ci-dessus pour les Officiers de l'État-major du régiment d'Alsace.

Les Colonels des régimens incorporés, entretenus en qualité de Colonels réformés à la suite des régimens dans lesquels ceux qu'ils commandoient ont été incorporés, seront payés sur le pied par mois, de mille livres aux sieurs Comtes de Saint-Germain & de Lowendal, & de cinq cens soixante livres aux sieurs Comtes de Lewenhaupt & de Bergh, jusqu'à ce qu'ils soient remplacés.

Sa Majesté ayant bien voulu continuer aux Lieutenans-colonels & Commandans de bataillon des régimens incorporés, entretenus réformés à la ſuite des régimens dans leſquels ceux où ils ſervoient ſont incorporés, les mêmes appointemens dont ils jouiſſoient juſqu'à leur remplacement, ils ſeront payés par mois, ſavoir;

Le ſieur Gelb, Lieutenant-colonel du régiment de Saint-Germain, incorporé dans celui de Naſſau, ſur le pied de deux cens quatre-vingts livres par mois, dont cent trente livres comme Capitaine, & cent cinquante comme Lieutenant-colonel.

Et le Commandant du ſecond bataillon du régiment de Lowendal, ſur le pied de deux cens dix livres auſſi par mois, dont cent cinquante livres comme Capitaine, & ſoixante livres comme Commandant de bataillon.

Les Capitaines réformés à la ſuite des compagnies auxquelles ils étoient attachés avant l'incorporation, ſeront payés de leurs appointemens, ſur le pied de quatre-vingt-dix livres par mois.

Les Lieutenans réformés, qui étoient Lieutenans en ſecond avant l'incorporation, ſeront payés de leurs appointemens, ſur le pied de cinquante livres par mois.

L'intention de Sa Majeſté étant qu'il ſoit entretenu à la ſuite de chacun de ces régimens un Capitaine, un Lieutenant, un Sous-lieutenant, quatre Sergens & huit Caporaux ſurnuméraires, ſans être attachés à aucune compagnie, devant être uniquement employés au travail des recrues, ils ſeront payés ſur le pied par jour, de quatre livres ſix ſols huit deniers au Capitaine, cinquante ſols au Lieutenant, trente-trois ſols quatre deniers au Sous-lieutenant, vingt ſols à chacun des quatre Sergens, & quinze ſols à chacun des huit Caporaux.

Outre la ſolde ci-deſſus réglée pour les régimens

d'Infanterie

d'Infanterie allemande, il ſera payé, à titre de Maſſe, quatre livres dix ſols par homme par mois, ſur le pied complet de chaque compagnie, à tel nombre qu'elle paſſe aux revûes des Commiſſaires des guerres, & pour chacun des quatre Sergens & huit Caporaux ſurnuméraires, employés pour les Recrues dans chaque régiment, dont trente ſols feront uniquement affectés à l'entretien du Soldat, & les trois livres reſtant, feront affectées particulièrement à l'habillement, l'équipement & l'armement. Les Commandans des Corps feront reſponſables de cette Maſſe, dont la propriété appartiendra au Capitaine; & s'il arrivoit que par un défaut d'économie elle ne ſuffit pas, le Capitaine ſera obligé d'y ſuppléer, même avec ſes appointemens, l'intention de Sa Majeſté étant que les Commandans des Corps répondent perſonnellement des dettes qui ſeront contractées relativement à cet objet. Si au contraire il y a du revenant-bon, il appartiendra au Capitaine; & ſur le compte qui en ſera rendu à l'Inſpecteur, il en ordonnera la main-levée au profit du Capitaine, après cependant que chaque régiment aura une année de Maſſe en caiſſe. *MASSE pour l'habillement.*

Il ſera pareillement payé tous les mois cent ſoixante-ſix livres treize ſols quatre deniers pour chacune des compagnies de Grenadiers & de Fuſiliers, dont il ſera fait une Maſſe, pour ſervir, tant à la levée des recrues, que pour le rengagement des anciens Soldats; laquelle Maſſe ſera payée, avec la ſolde, ainſi que la Maſſe de l'habillement. *MASSE pour les Recrues.*

Il ſera payé de plus à la fin de chaque mois, par forme de gratification, à chaque Capitaine vingt ſols par homme, ſur le pied complet, à tel nombre que ſe trouve ſa compagnie à la revûe; au moyen de laquelle somme, le Capitaine sera chargé de la réparation des armes, de fournir de poudre à poudrer, de craie, &c. & de payer le Chirurgien de la compagnie, Sa Majesté voulant bien que ce Chirurgien soit compris dans le nombre des Soldats.

Sa Majesté voulant que le travail des Recrues en commun ne dispense pas les Capitaines de faire des recrues par eux-mêmes, son intention est que les hommes qu'ils feront leur soient payés sur l'ordre du Commandant du Corps, des fonds destinés aux recrues, & qu'il soit payé le 1.er janvier de chaque année à chaque Capitaine, une gratification de vingt livres pour chaque ancien Soldat qu'il aura rengagé par lui-même, & de dix livres pour chaque homme de recrue qu'il aura fait aussi lui-même; laquelle gratification lui sera payée par le Trésorier, sur le certificat du Commandant du Corps, visé par l'Inspecteur, qui en fera la vérification lors de sa revûe.

A l'égard des Capitaines de Grenadiers, quoiqu'ils tirent leurs remplacemens des compagnies de Fusiliers, Sa Majesté leur fera payer le 1.er janvier de chaque année une gratification de trois cens livres.

Au moyen du traitement ci-dessus réglé, il ne sera payé aux régimens Allemands, ni argent d'étape aux recrues, ni payes de gratification, ni les gratifications dont les Officiers supérieurs jouissoient en vertu de leur charge; à la réserve des Majors des régimens conservés, qui continueront de jouir de la gratification annuelle attachée à leurs charges.

Régimens de Bouillon,

Ceux des régimens de Bouillon, créé sur le pied étranger, & d'Infanterie Liégeoise de Vierzet & d'Horion, qui ont été ou seront mis à la solde de guerre, en vertu des ordonnances particulières que Sa Majesté en a fait ou fera expédier, recevront cette solde, jusqu'à ce qu'Elle en ordonne autrement, sur le pied de quatorze livres dix sols par mois, par homme, & pour chacune des treize payes de gratification que Sa Majesté accorde à chaque Capitaine, sa compagnie étant complète au nombre de quatre-vingt-cinq hommes, neuf payes à quatre-vingt-trois, sept à quatre-vingt-un, cinq à quatre-vingt, & rien au dessous dudit nombre de quatre-vingts hommes.

Vierzet & Horion.

Solde de guerre.

Payes de gratification.

Chaque Capitaine doit entretenir & payer dans sa compagnie, un premier Sergent à treize sols par jour, deux autres Sergens à douze sols chacun, un Fourrier & un Capitaine d'armes à neuf sols chacun, un Fourrier-schutz à huit sols, trois Caporaux, un Charpentier de profession, & deux Tambours à sept sols chacun, six Anspessades & six Grenadiers à six sols chacun, & soixante-un Fusiliers à cinq sols six deniers chacun; sur laquelle solde il sera retenu à chaque compagnie, deux sols par ration de pain de munition qui leur sera fourni pendant la campagne seulement, les Officiers n'en devant point avoir.

Retenue pour le pain.

Les Officiers des compagnies & de l'État-major de chacun desdits régimens de Bouillon, Vierzet & d'Horion, continueront d'être payés de leurs appointemens, en campagne, sur le pied réglé par l'ordonnance du 25 février 1760.

État-major des régimens Allemands.

Les Commandans des bataillons des régimens d'Infanterie allemande, qui ont été réformés en 1748 & 1749, & qui ont passé avec leur compagnie dans les bataillons restés sur pied, continueront de jouir, indépendamment

Appointemens conservés aux anciens Commandans des bataillons réformés.

de leur traitement de Capitaine, des mêmes appointemens de soixante livres par mois, qu'ils avoient en ladite qualité de Commandant de bataillon, & ce, jusqu'à ce qu'ils soient remplacés.

Colonels & Lieutenans-colonels réformés à la suite des régimens Allemands.

Les Colonels & Lieutenans-colonels réformés à la suite desdits régimens d'Infanterie allemande, seront payés, en servant en campagne & en passant présens aux revûes des Commissaires des guerres, sur le pied par mois, de cent livres à chaque Colonel, de quatre-vingt-trois livres six sols huit deniers à chaque Lieutenant-colonel; à l'exception de ceux desdits Colonels & Lieutenans-colonels auxquels il a été expédié des ordres par lesquels il leur est réglé un traitement particulier, dont ils continueront de jouir en campagne comme pendant l'hiver.

Capitaines réformés à la suite desdits régimens Allemands.

A l'égard des Capitaines réformés qui serviront en campagne à la suite desdits régimens, ils seront payés, à raison de cinquante livres par mois.

ROYAL-ITALIEN & ROYAL CORSE.

Les régimens Royal-Italien & Royal-Corse, composés chacun de six cens quatre-vingt-cinq hommes, en neuf compagnies, dont une de Grenadiers de quarante-cinq hommes, & huit de Fusiliers de quatre-vingts hommes, seront payés en servant en campagne, savoir;

Compagnie de Grenadiers.

La compagnie de Grenadiers, sur le pied par jour, de cinq livres seize sols huit deniers au Capitaine, y compris deux livres seize sols huit deniers de supplément; deux livres seize sols huit deniers au Lieutenant, y compris vingt-quatre sols huit deniers de supplément; trente-trois sols quatre deniers au Lieutenant en second, y compris treize sols quatre deniers de supplément; quinze sols au premier Sergent, dont deux sols six deniers de supplément; onze sols à chacun des deux autres, dont deux sols six deniers de supplément; huit sols dix deniers à chacun des trois Caporaux, dont deux sols dix deniers de supplément; sept sols cinq deniers à chacun des cinq Anspessades, dont deux sols cinq deniers de supplément; six sols à chacun des trente-trois Grenadiers, dont deux sols de supplément; & sept sols cinq deniers au Tambour, dont deux sols cinq deniers de supplément. Le Capitaine recevra de plus huit payes de gratification de huit sols chacune, dont deux de supplément, sa compagnie étant complète de quarante-cinq hommes, & rien au dessous dudit nombre.

Payes de gratification.

Les huit compagnies de Fusiliers de chacun de ces deux régimens, seront payées en campagne sur le pied, savoir;

Compagnies de Fusiliers.

Chacun des deux Capitaines des deux premières compagnies, sur le pied par jour, de cinq livres, dont cinquante sols de supplément.

Chacun des Capitaines des deux compagnies qui suivent par leur rang, sur le pied par jour, de quatre livres dix sols, dont quarante sols de supplément.

Et chacun des Capitaines des quatre dernières compagnies, sur le pied de quatre livres trois sols quatre deniers, dont trente-trois sols quatre deniers de supplément.

Quant aux autres Officiers desdites compagnies de Fusiliers, ils seront payés sur le pied par jour, de cinquante sols au Capitaine en second, dont vingt sols de supplément; trente-six sols huit deniers au Lieutenant en premier, dont seize sols huit deniers de supplément; vingt-six sols huit deniers au Lieutenant en second, dont onze sols huit deniers de supplément; quatorze sols au premier Sergent, dont deux sols de supplément; dix sols à chacun des quatre autres, dont deux sols de supplément; sept sols

1094

dix deniers à chacun des cinq Caporaux, dont deux sols de supplément; six sols cinq deniers à chacun des sept Anspessades, dont un sol onze deniers de supplément; cinq sols six deniers à chacun des quinze Appointés, dont un sol neuf deniers de supplément; cinq sols à chacun des quarante-six Fusiliers, dont un sol six deniers de supplément; & six sols cinq deniers à chacun des deux Tambours, dont un sol onze deniers de supplément.

Le Capitaine en pied recevra en outre douze payes de gratification de sept sols chacune, dont deux de supplément, sa compagnie étant complète de quatre-vingts hommes, huit à soixante-dix-huit, six à soixante-dix-sept, quatre à soixante-seize, deux à soixante-quinze, & rien au dessous dudit nombre de soixante-quinze hommes.

États-majors de Royal-Italien & Royal-Corse.

L'État-major de chacun des régimens Royal-Italien & Royal-Corse, sera payé sur le pied par jour, de vingt-neuf livres trois sols quatre deniers au Colonel, dont quatorze livres trois sols quatre deniers de supplément; quinze livres seize sols huit deniers au Colonel-commandant du régiment Royal-Italien établi par ordonnance du 29 juin 1759, lequel ne doit point avoir de compagnie; dix livres à celui du régiment Royal-Corse établi par ordonnance du 9 février dernier, indépendamment de ses appointemens de Capitaine, qu'il ne doit toucher que sur le pied de quatre livres trois sols quatre deniers par jour, quoique sa compagnie soit la première du régiment; onze livres trois sols quatre deniers au Lieutenant-colonel, dont cinq livres trois sols quatre deniers de supplément, tant pour leurs appointemens en leurdite qualité qu'en celle de Capitaine, ne devant point avoir de compagnie; neuf livres trois sols quatre deniers au Major, dont quatre livres trois ſols quatre deniers de ſupplément; cinq livres à l'Interprète, trois livres dix ſols à l'Aide-major, dont trente ſols de ſupplément; trente ſols au Maréchal-des-logis, dont quinze ſols de ſupplément; quarante ſols à l'Aumônier, dont vingt ſols de ſupplément; quinze ſols au Chirurgien, dont ſept ſols ſix deniers de ſupplément; huit ſols au Tambour-major, dont trois ſols de ſupplément; trente-deux ſols au Prevôt, dont douze ſols de ſupplément; quatorze ſols à ſon Lieutenant, dont quatre ſols de ſupplément; huit ſols ſix deniers au Greffier, dont deux ſols trois deniers de ſupplément; & ſix ſols quatre deniers à chacun des cinq Archers & à l'Exécuteur de juſtice, dont deux ſols deux deniers de ſupplément.

Capitaines réformés du régiment Royal-Italien, qui ont eu Troupe.

Les deux derniers Capitaines du régiment Royal-Italien, qui, par ſa nouvelle compoſition, ſe ſont trouvés ſans compagnie, & ſont attachés aux premières compagnies de Fuſiliers, où ils tiennent lieu de Capitaine en ſecond, recevront, en ſervant en campagne, chacun quatre livres trois ſols quatre deniers, dont trente-trois ſols quatre deniers de ſupplément.

Capitaines en ſecond ou réformés du régiment Royal-Italien.

Les Capitaines en ſecond ou réformés, actuellement attachés audit régiment Royal-Italien, qui ſe trouveront d'excédant au nombre de huit Capitaines en ſecond, ci-deſſus employés aux compagnies de Fuſiliers, y rempliront la troiſième place d'Officier, ſous le titre de ſecond Capitaine en ſecond, pour y tenir lieu de Lieutenant & en faire les fonctions, aux mêmes appointemens de cinquante ſols par jour, ci-deſſus réglés aux Capitaines en ſecond; leſquelles places de ſeconds Capitaines en ſecond, ne ſeront remplies, à meſure qu'elles deviendront vacantes, que par des Lieutenans, aux appointemens de trente-ſix

1026

sols huit deniers chacun par jour, pendant qu'ils serviront en campagne.

Commandans des second & troisième bataillons reformés de Royal-Italien.

Les Commandans des second & troisième bataillons réformés dudit régiment Royal-Italien, qui ont passé avec leur compagnie dans le bataillon resté sur pied, continueront de jouir, indépendamment de leurs appointemens ci-dessus de Capitaine, des quarante sols qu'ils avoient chacun par jour en ladite qualité de Commandant de bataillon, & ce, jusqu'à ce qu'ils soient nommés à un grade dont le traitement ne sera point inférieur.

Officiers réformés de Royal-Italien & Royal-Corse.

Les Officiers réformés qui auront ordre de servir à la suite des régimens Royal-Italien & Royal-Corse, seront payés en campagne sur le pied par jour, de trois livres à chaque Colonel, cinquante sols à chaque Lieutenant-colonel, trente sols à chaque Capitaine, & quinze sols à chaque Lieutenant.

Retenue pour l'habillement des Soldats de Royal-Italien & Royal-Corse.

Entend Sa Majesté que la retenue qui doit être faite de l'excédant de solde pour tenir lieu de Masse, & servir à l'habillement des Soldats des régimens Royal-Italien & Royal-Corse, reste entre les mains du Major de chaque régiment, pour être délivrée aux Capitaines, ainsi qu'il est réglé par l'ordonnance du 25 février dernier.

RÉGIMENS IRLANDOIS & ÉCOSSOIS.

LES régimens d'Infanterie irlandoise de Bulkeley, Clare, Dillon, Roothe & Berwick, & ceux d'Infanterie écossoise de Royal-Écossois & d'Ogilvy, composés chacun d'un bataillon de sept cens cinq hommes en treize compagnies, dont une de Grenadiers de quarante-cinq hommes, & douze de Fusiliers de cinquante-cinq hommes chacune, seront payés de leurs appointemens & solde, en servant en campagne, savoir;

La compagnie de Grenadiers, sur le pied par jour, de cinq

cinq livres seize sols huit deniers au Capitaine, y compris deux livres seize sols huit deniers de supplément; trois livres trois sols quatre deniers au Capitaine en second, dont treize sols quatre deniers de supplément; trois livres au Lieutenant, dont vingt-cinq sols de supplément; trente sols au Lieutenant en second, dont douze sols de supplément; seize sols au premier Sergent; douze sols au second, dont deux sols de supplément; neuf sols six deniers à chacun des trois Caporaux, dont deux sols six deniers de supplément; huit sols six deniers à chacun des trois Anspessades, dont deux sols de supplément; & sept sols six deniers à chacun des trente-six Grenadiers & au Tambour, dont un sol six deniers de supplément. Le Capitaine recevra de plus cinq payes de gratification de neuf sols six deniers chacune, dont deux de supplément, sa compagnie étant complète de quarante-cinq hommes, & rien au dessous dudit nombre.

Compagnies de Fusiliers.

Les douze compagnies de Fusiliers de chacun desdits régimens, seront payées, savoir;

Aux trois Capitaines des trois premières compagnies, sur le pied par jour, de cinq livres, dont cinquante sols de supplément.

Chacun des Capitaines des trois compagnies qui suivent par leur rang, sur le pied par jour, de quatre livres dix sols, dont quarante sols de supplément.

Et chacun des Capitaines des six dernières compagnies, sur le pied par jour, de quatre livres trois sols quatre deniers, dont trente-trois sols quatre deniers de supplément.

Quant aux autres Officiers desdites compagnies, ils seront payés sur le pied par jour, de cinquante sols au

1078

Capitaine en ſecond, trente-ſix ſols huit deniers au Lieutenant, dont quatorze ſols deux deniers de ſupplément; vingt-ſix ſols huit deniers au Lieutenant en ſecond, dont huit ſols huit deniers de ſupplément; quinze ſols au premier Sergent, onze ſols à chacun des deux autres, dont deux ſols de ſupplément; huit ſols ſix deniers à chacun des quatre Caporaux, dont deux ſols de ſupplément; ſept ſols ſix deniers à chacun des quatre Anſpeſſades, dont un ſol ſix deniers de ſupplément; & ſix ſols ſix deniers à chacun des quarante-trois Fuſiliers & au Tambour, dont un ſol de ſupplément. Le Capitaine recevra de plus ſept payes de gratification de huit ſols ſix deniers chacune, dont deux de ſupplément, ſa compagnie étant complète de cinquante-cinq hommes; quatre à cinquante-quatre, trois à cinquante-trois, une à cinquante-deux, & rien au deſſous dudit nombre de cinquante-deux hommes.

Enſeignes.

Chacun des deux Enſeignes, pour porter les drapeaux qu'il y a dans chaque régiment d'Infanterie irlandoiſe & écoſſoiſe, recevra vingt-neuf ſols quatre deniers par jour, dont onze ſols quatre deniers de ſupplément.

États-majors des régimens de Bulkeley, Clare, Dillon, Roothe, Berwick, Royal-Écoſſois & Ogilvy.

L'État-major de chacun deſdits régimens de Bulkeley, Clare, Dillon, Roothe, Berwick, Royal-Écoſſois & Ogilvy, ſera payé ſur le pied par jour, de dix-ſept livres dix ſols au Colonel, tant pour ſes appointemens en ladite qualité, que pour lui tenir lieu de ceux de Capitaine, ne devant point avoir de compagnie, dans leſquels appointemens eſt compris un ſupplément de huit livres ſix ſols huit deniers pour ceux des régimens de Bulkeley, Clare, Dillon, Royal-Écoſſois & Ogilvy, & de onze livres cinq ſols pour ceux des régimens de Roothe & Berwick; onze livres un ſol un denier un tiers au Lieutenant-colonel de chacun desdits régimens, aussi sans compagnie, dont cinq livres deux sols deux deniers deux tiers de supplément; sept livres dix sols au Major, dont quatre livres trois sols quatre deniers de supplément; cinquante-six sols huit deniers à l'Aide-major, y compris vingt-six sols huit deniers de supplément; quarante sols à l'Aumônier, dont vingt sols de supplément; trente sols au Chirurgien, dont quinze sols de supplément; pareils trente sols au Maréchal-des-logis, dont quinze sols de supplément pour ceux des régimens de Bulkeley, Clare, Dillon, Royal-Écossois & Ogilvy; & dix-sept sols six deniers pour ceux de Roothe & de Berwick; cinq livres à l'Interprète de chacun desdits régimens, & pareilles cinq livres au second Interprète attaché au régiment Royal-Écossois par l'article III de l'ordonnance du 20 décembre 1748, concernant l'incorporation du régiment d'Albanie.

Prevôté des régimens de Roothe & Berwick.

La Prevôté qui est en chacun desdits régimens de Roothe & de Berwick, sera payée sur le pied par jour, de dix-huit sols huit deniers au Prevôt, dont cinq sols quatre deniers de supplément; sept sols quatre deniers à son Lieutenant, dont huit deniers de supplément; quatre sols quatre deniers au Greffier, dont deux deniers de supplément; & trois sols à chacun des cinq Archers & à l'Exécuteur de Justice, dont six deniers de supplément.

Les Colonels & Lieutenans-colonels desdits sept régimens Irlandois & Écossois, continueront de jouir chacun de la pension attachée à leur charge; au moyen de quoi, le Colonel de chaque régiment ne pourra rien retenir sur la solde & masse des Sergens, Caporaux, Anspessades, Grenadiers, Soldats & Tambours qui doivent recevoir

1030

leur paye entière, à la déduction seulement de ce qui sera mis à la Masse pour leur habillement.

Sa Majesté ayant jugé à propos de nommer le sieur de Sheldon Colonel en second du régiment de Dillon, son intention est qu'il soit payé de ses appointemens en campagne, en ladite qualité, sur le pied de cinq livres seize sols huit deniers par jour.

Cadets.

Sa Majesté ayant bien voulu permettre qu'il soit entretenu douze Cadets dans chacun desdits régimens Irlandois & Écossois, qui tiendront lieu de pareil nombre de Soldats, son intention est que lesdits Cadets continuent de recevoir pendant la campagne, le supplément de paye de quatre sols six deniers par jour, qui leur est réglé par l'ordonnance du 25 février dernier, en passant présens aux revûes des Commissaires des guerres.

Officiers réformés à la suite des régimens Irlandois & Écossois.

Les Officiers réformés qui auront ordre de servir en campagne à la suite desdits régimens Irlandois & Écossois, y seront payés de leurs appointemens, en passant présens aux revûes des Commissaires des guerres, sur le pied par jour, de trois livres à chaque Colonel, cinquante sols à chaque Lieutenant-colonel, quarante sols à chaque Capitaine, & dix-huit sols à chaque Lieutenant, indépendamment de ceux desdits Officiers réformés, qui se trouveront encore employés à la suite des régimens Royal-Écossois & d'Ogilvy, provenant de l'incorporation qui y a été faite de celui d'Albanie, lesquels seront payés en campagne, en passant présens aux revûes des Commissaires des guerres, sur le pied de cent vingt-cinq livres par mois au Lieutenant-colonel, cent vingt livres au Capitaine de Grenadiers, quatre-vingt-dix livres à chaque Capitaine & au Major, ſoixante-ſept livres dix ſols à chaque Capitaine en ſecond, quatre-vingt-cinq livres au Lieutenant de Grenadiers, quarante-ſept livres dix ſols à chaque Lieutenant, y compris l'Aide-major, & de quarante livres à chaque Lieutenant en ſecond réformé. A l'égard des Colonels & Lieutenans-colonels auxquels il auroit été réglé des appointemens différens de ceux ci-deſſus fixés, ils continueront d'en jouir en conſéquence des ordres particuliers qui leur ont été expédiés, à la déduction ſeulement de vingt-cinq livres par mois, lorſqu'ils ſerviront en campagne.

VII.

GENDARMERIE.

Gardes-du-corps du Roi.

LES quatre compagnies des Gardes-du-corps de Sa Majeſté (à l'exception des détachemens qui reſtent de ſervice ſur le Guet), continueront d'être payées en conſéquence de ce qui eſt preſcrit par l'ordonnance du 25 février 1760, attendu qu'elles ne ſervent point en campagne.

Grenadiers à Cheval.

La compagnie de Grenadiers à cheval de Sa Majeſté, continuera d'être payée en conſéquence de ce qui eſt preſcrit par l'ordonnance du 25 février 1760, attendu qu'elle ne ſert point en campagne.

Gendarmes & Chevaux-légers de la Garde du Roi.

La Cornette de chacune des compagnies de Gendarmes & de Chevaux-légers de la garde de Sa Majeſté, outre le pain & le fourrage qui lui ſeront fournis, en ſervant en campagne, ſera payée ſur le pied par jour, de quinze ſols à chaque Brigadier, Sous-brigadier, Gendarme, Chevau-léger, Trompette & Timbalier, vingt ſols à l'Aumônier,

& dix sols à chacun des Petits-Officiers de chaque compagnie, servant à ladite Cornette. Les Officiers desdites compagnies continueront à être payés avec le Guet, de leurs appointemens ordinaires.

MOUSQUETAIRES de la GARDE DU ROI.

Les détachemens des deux compagnies de Mousquetaires de la garde de Sa Majesté, outre le pain & le fourrage qui leur seront fournis en servant en campagne, seront payés sur le pied par jour, de vingt-trois sols à chaque Brigadier, dix-neuf sols à chaque Sous-brigadier, quinze sols à chaque Mousquetaire, vingt sols à l'Aumônier, douze sols à chaque Tambour, Chirurgien, Apothicaire, Fourrier, Sellier & Maréchal-ferrant, & cinquante sols à chaque Joueur de hautbois, Sa Majesté faisant payer d'ailleurs les Officiers de ces compagnies qui commandent lesdits détachemens.

GENDARMERIE. Grands Officiers des compagnies de Gendarmes.

Compagnies de Gendarmes.

Les Grands-officiers des dix compagnies de Gendarmes de la Gendarmerie, continueront à être payés suivant les états que Sa Majesté fera expédier; & les Maréchaux-des-logis, Brigadiers, Sous-brigadiers, Porte-étendards, Gendarmes & Trompettes, seront payés, en servant en campagne, sur le même pied de ceux des compagnies de Chevaux-légers, ainsi qu'il est ci-après expliqué.

Compagnies de Chevaux-légers.

Chacune des six compagnies de Chevaux-légers de ladite Gendarmerie, composée d'un Capitaine-lieutenant, un Sous-lieutenant, deux Cornettes, quatre Maréchaux-des-logis, deux Brigadiers, deux Sous-brigadiers, un Porte-étendard, soixante-dix Chevaux-légers, & deux Trompettes, outre le pain & le fourrage qui leur seront fournis en servant en campagne, sera payée sur le pied par jour, de huit livres au Capitaine-lieutenant, dont cinq livres quinze sols de supplément; cinquante sols au Sous-lieutenant, dont trente-deux sols de supplément; trente-cinq sols à chaque Cornette, dont vingt-un sols six deniers de supplément; quarante-cinq sols à chaque Maréchal-des-logis, dont trente-six sols de supplément; vingt-quatre sols six deniers à chaque Brigadier & Sous-brigadier, dont dix-huit sols six deniers de supplément; seize sols quatre deniers au Porte-étendard, dont onze sols quatre deniers de supplément; treize sols à chaque Chevau-léger, dont neuf sols de supplément; & vingt sols à chaque Trompette, dont quatorze sols six deniers de supplément.

Timbaliers & Aumôniers.

Il sera aussi payé par jour, vingt sols à chacun des huit Timbaliers entretenus dans les huit premières compagnies, dont quatorze sols six deniers de supplément, & trente sols à chacun des deux Aumôniers qui sont avec lesdites compagnies de Gendarmes & de Chevaux-légers.

État-major de la Gendarmerie.

Les Officiers de l'État-major de ladite Gendarmerie, étant payés de leurs appointemens à l'ordinaire des guerres, il n'en sera point fait ici mention.

Supplément de paye aux Gendarmes & Chevaux-légers, pour tenir lieu de Masse.

Le supplément de paye que Sa Majesté a accordé sur le pied par jour, de deux sols deux deniers, pour tenir lieu de Masse à chaque Gendarme & Chevau-léger seulement, des seize compagnies de la Gendarmerie, continuera de leur être payé pendant la campagne, indépendamment de la solde qui leur est ci-dessus réglée.

VIII.

CAVALERIE, CARABINIERS, HUSSARDS & DRAGONS.

Cavalerie françoise. Compagnies.

CHAQUE compagnie des régimens de Cavalerie françoise, servant en campagne, composée de quarante

Maîtres, sera payée sur le pied par jour, de quatre livres au Capitaine, dont trois livres deux sols de supplément; quarante sols au Lieutenant, dont vingt-huit sols de supplément; vingt-sept sols six deniers au Cornette, dont dix-huit sols six deniers de supplément; vingt-un sols huit deniers au Maréchal-des-logis, dont quinze sols huit deniers de supplément; dix sols au Fourrier, six sols à chacun des deux Brigadiers, dont deux sols six deniers de supplément; & cinq sols à chacun des trente-sept Cavaliers, y compris le Trompette & le Timbalier où il doit y en avoir, dont deux sols de supplément.

Sous-lieutenant & Cornettes en charge dans les régimens Colonel général, Mestre-de-camp général & Commissaire général de la Cavalerie.

Le Sous-lieutenant qui est dans la compagnie colonelle du Colonel général de la Cavalerie, le Cornette blanc qui est dans ladite compagnie, & le Cornette qui est en chacune des compagnies Mestre-de-camp des régimens du Mestre-de-camp général & du Commissaire général de la Cavalerie, recevront leurs appointemens sur le pied par jour, de quarante sols au Sous-lieutenant, dont vingt-huit sols de supplément; & de vingt-sept sols six deniers au Cornette blanc & à chacun des deux autres, dont dix-huit sols six deniers de supplément.

État-major des trois premiers régimens de la Cavalerie.

Sa Majesté ayant conservé, par ses ordonnances des premier septembre & 30 octobre 1748, les compagnies aux Mestres-de-camp des régimens du Colonel général, du Mestre-de-camp général & du Commissaire général de la Cavalerie, l'État-major de chacun desdits trois régimens, sera payé sur le pied par jour, savoir; de quarante-quatre sols cinq deniers au Mestre-de-camp, outre ses appointemens de Capitaine, dont vingt-six sols cinq deniers de supplément; dix livres six sols huit deniers au Lieutenant-colonel, tant pour ses appointemens en ladite qualité,

qualité, que pour lui tenir lieu de ceux de Capitaine, ne devant point avoir de compagnie, dont ſept livres dix ſols de ſupplément; cinq livres au Major, dont quatre livres deux ſols de ſupplément; cinquante ſols à l'Aide-major, dont trente-huit ſols de ſupplément; trente ſols à l'Aumônier, dont vingt-un ſols de ſupplément; & treize ſols ſix deniers au Chirurgien, dont quatre ſols ſix deniers de ſupplément.

État-major des cinquante-deux autres régimens de Cavalerie françoiſe.

L'État-major de chacun des cinquante-deux autres régimens de Cavalerie françoiſe, ſera payé à raiſon par jour, de cinq livres treize ſols quatre deniers au Meſtre-de-camp, dont trente-trois ſols quatre deniers de ſupplément; & dix livres ſix ſols huit deniers au Lieutenant-colonel, dont ſept livres dix ſols de ſupplément, tant pour leurs appointemens en leurdite qualité, que pour leur tenir lieu de ceux de Capitaine, ne devant point avoir de compagnie; cinq livres au Major, dont quatre livres deux ſols de ſupplément; cinquante ſols à l'Aide-major, dont trente-huit ſols de ſupplément; trente ſols à l'Aumônier, dont vingt-un ſols de ſupplément; & treize ſols ſix deniers au Chirurgien, dont quatre ſols ſix deniers de ſupplément.

Capitaines réformés de Cavalerie françoiſe, dernière réforme.

Les Capitaines réformés de Cavalerie françoiſe, qui ont été entretenus à la ſuite des régimens, en conſéquence des ordonnances des 1.er ſeptembre, 30 octobre 1748 & 15 mars 1749, leſquels ſont obligés de ſervir à leur corps toute l'année, au lieu de quatre mois auxquels ils étoient ci-devant aſſujétis, ſeront payés de leurs appointemens en campagne, ſur le pied de cinquante ſols par jour, dont vingt ſols de ſupplément, en paſſant préſens aux revûes des Commiſſaires des guerres.

Capitaines réformés de Cavalerie françoise, ancienne réforme.

Les Capitaines réformés qui étoient entretenus à la suite des régimens de Cavalerie françoise avant les ordonnances de réforme de 1748 & 1749, & qui se trouveront encore y exister, seront payés de leurs appointemens en campagne, sur le pied de cinquante sols par jour, dont trente-cinq sols de supplément, en passant présens aux revûes des Commissaires des guerres.

RÉGIMENT des CARABINIERS de M. le Comte de PROVENCE.

CHACUNE des quarante compagnies qui composent les cinq brigades du régiment des Carabiniers de M. le Comte de Provence, de trente-cinq Maîtres chacune, sera payée sur le pied par jour, de cinq livres au Capitaine, dont trois livres dix-huit sols de supplément; cinquante sols au Lieutenant, dont trente-cinq sols de supplément; trente-cinq sols au Cornette, dont vingt-trois sols de supplément; vingt-cinq sols au Maréchal des-logis, dont dix-sept sols de supplément; onze sols six deniers au Fourrier; sept sols à chacun des deux Brigadiers, dont deux sols six deniers de supplément, & six sols à chacun des trente-deux Carabiniers, compris le Trompette & le Timbalier qui est en chacune des cinq compagnies Mestre-de-camp, dont deux sols de supplément.

État-major.

L'État-major dudit régiment, sera payé sur le pied par mois, de quatorze cens quatre-vingt-six livres treize sols quatre deniers au Mestre-de-camp-lieutenant, indépendamment de ses appointemens de Capitaine, dont huit cens vingt livres en ladite qualité de Mestre-de-camp-lieutenant, & six cens soixante-six livres treize sols quatre deniers en celle d'Inspecteur dudit Corps; quatre cens soixante-dix livres au Major, & deux cens trente-cinq livres à l'Aide-major, établi par l'ordonnance du 27 avril 1759.

A l'égard de l'État-major de chacune des cinq Brigades, il sera payé sur le pied par mois, de soixante-dix-sept livres quinze sols au Mestre-de-camp, cinquante-huit livres cinq sols au Lieutenant-colonel, outre leurs appointemens de Capitaine; cent trente-cinq livres à l'Aide-major, soixante-quinze livres au Sous-aide-major, quarante-cinq livres à l'Aumônier, dont trente livres de supplément; & vingt-quatre livres cinq sols au Chirurgien, dont neuf livres cinq sols de supplément.

Appointemens conservés aux Majors des brigades.

Sa Majesté ayant supprimé par son ordonnance particulière du 13 mai 1758, la majorité particulière de chaque brigade, & ordonné que les Officiers qui en étoient pourvûs passeroient à des compagnies; son intention est qu'ils jouissent, jusqu'à leur remplacement, de six livres d'appointemens par jour en campagne.

RÉGIMENT de CAVALERIE IRLANDOISE de FILTZJAMES. Compagnies.

CHACUNE des huit compagnies du régiment de Cavalerie irlandoise de Filtzjames, composée de quarante Maîtres, sera payée à raison par jour, de quatre livres au Capitaine, dont trente sols de supplément; quarante sols au Lieutenant, dont quinze sols de supplément; vingt-sept sols six deniers au Cornette, dont huit sols neuf deniers de supplément; vingt-un sols huit deniers au Maréchal-des-logis, dont huit sols quatre deniers de supplément; dix sols au Fourrier; huit sols à chacun des deux Brigadiers, dont deux sols de supplément; & sept sols à chacun des trente-sept Cavaliers, y compris le Trompette & le Timbalier où il doit y en avoir, dont un sol six deniers de supplément.

État-major.

L'État-major dudit régiment, sera payé sur le pied par jour, de cinq livres treize sols quatre deniers au Mestre-de-camp, dont trente-trois sols quatre deniers de fupplément ; dix livres fix fols huit deniers au Lieutenant-colonel, dont fept livres dix fols de fupplément, tant pour leurs appointemens en leurdite qualité, que pour leur tenir lieu de ceux de Capitaine, ne devant point avoir de compagnie ; cinq livres au Major, dont quarante fols de fupplément ; cinquante fols à l'Aide-major, dont vingt fols de fupplément ; trente fols à l'Aumônier, dont quinze fols de fupplément ; & treize fols fix deniers au Chirurgien, dont fix fols fix deniers de fupplément.

Officiers réformés de Filtzjames. Les Officiers réformés avec appointemens, tant des anciennes que des dernières réformes, qui font à la fuite dudit régiment, où ils doivent fervir toute l'année, feront payés en campagne fur le pied par jour, de cinq livres deux fols trois deniers à chaque Meftre-de-camp, dont quarante-un fols trois deniers de fupplément ; trois livres trois fols quatre deniers à chaque Lieutenant-colonel, dont cinq fols de fupplément ; & trois livres à chaque Capitaine, dont vingt fols de fupplément.

ROYAL-ALLEMAND. *Compagnies.* CHACUNE des huit compagnies du régiment Royal-Allemand, compofée de quarante Maîtres, fera payée fur le pied par jour, de cinq livres au Capitaine, dont quarante fols de fupplément ; cinquante fols au Lieutenant, dont vingt fols de fupplément ; trente-cinq fols au Cornette, dont douze fols fix deniers de fupplément ; vingt-cinq fols au Maréchal-des-logis, dont dix fols de fupplément ; dix fols au Fourrier, fept fols à chacun des deux Brigadiers, dont deux fols fix deniers de fupplément ; & cinq fols à chacun des trente-fept Cavaliers, y compris les Cadets, Trompettes & Timbalier où il doit y en avoir, dont un fol fix deniers de fupplément.

Cadets. Il fera en outre payé un fol par jour à chaque Cadet qui passera en revûe dans le nombre desdits Cavaliers, sur le certificat du Commandant du régiment.

État-major.

L'État-major du régiment, sera payé à raison par jour, de six livres treize sols quatre deniers au Mestre-de-camp, dont trois livres six sols huit deniers de supplément; cinq livres au Lieutenant-colonel, dont cinquante sols de supplément, indépendamment de leurs appointemens de Capitaine; sept livres six sols huit deniers à chacun des deux Majors, dont trois livres trois sols quatre deniers de supplément; cinquante sols à chacun des deux Aides-majors, dont vingt-trois sols quatre deniers de supplément; seize sols huit deniers au Maréchal-des-logis, dont trois sols quatre deniers de supplément; vingt-trois sols quatre deniers au Prevôt, dont six sols huit deniers de supplément; vingt-un sols huit deniers à son Lieutenant, dont huit sols quatre deniers de supplément; quinze sols au Greffier, dont cinq sols de supplément; vingt-six sols huit deniers à chacun des Aumônier & Chirurgien, dont huit sols quatre deniers de supplément; & dix sols à chacun des quatre Archers & à l'Exécuteur de Justice, dont deux sols six deniers de supplément.

Régimens de Wirtemberg & de Nassau-Saarbruck.

Les huit compagnies de chacun des régimens de Cavalerie allemande de Wirtemberg & de Nassau-Saarbruck, composées de quarante Maîtres chacune, seront payées sur le pied par jour, pour chaque compagnie, de cinq livres au Capitaine, dont quarante sols de supplément; cinquante sols au Lieutenant, dont vingt sols de supplément; trente-cinq sols au Cornette, dont douze sols six deniers de supplément; vingt-un sols huit deniers au Maréchal-des-logis, dont huit sols quatre deniers de supplément; dix sols au Fourrier; six sols à chacun des deux

Brigadiers, dont deux fols de fupplément; & cinq fols à chacun des trente-fept Cavaliers, y compris le Trompette & le Timbalier où il doit y en avoir, dont un fol fix deniers de fupplément.

État-major du régiment de Wirtemberg.

L'État-major du régiment de Wirtemberg, fera payé fur le pied par jour, favoir; de trois livres fix fols huit deniers au Meftre-de-camp, quarante fols au Lieutenant-colonel, indépendamment de leurs appointemens de Capitaine; fept livres dix fols au Major, dont quarante fols de fupplément; cinquante fols à l'Aide-major, treize fols quatre deniers à chacun des Aumônier, Chirurgien & Auditeur, & fept fols fix deniers à chacun des Greffier, trois Archers & un Exécuteur de Juftice.

Le Comte de Rofen, Meftre-de-camp en fecond du régiment de Wirtemberg, & qui le commande en l'abfence du Prince de Wirtemberg, fera payé de fes appointemens, en campagne, fur le pied de cinq livres treize fols quatre deniers par jour, ne devant point avoir de compagnie.

État-major du régiment de Naffau-Saarbruck.

L'État-major du régiment de Naffau-Saarbruck, fera payé à raifon par jour, de trois livres fix fols huit deniers au Meftre-de-camp, dont trente-trois fols quatre deniers de fupplément; quarante fols au Lieutenant-colonel, dont vingt fols de fupplément, indépendamment de leurs appointemens de Capitaine; fept livres dix fols au Major, dont quatre livres trois fols quatre deniers de fupplément; cinquante fols à l'Aide-major, dont vingt-trois fols quatre deniers de fupplément; & treize fols quatre deniers à chacun des Aumônier & Chirurgien, dont quatre fols quatre deniers de fupplément.

Officiers réformés à la fuite des régimens Royal-

Les Officiers réformés avec appointemens, tant des anciennes que des dernières réformes, entretenus à la suite desdits trois régimens de Cavalerie allemande où ils doivent servir toute l'année, seront payés en campagne sur le pied par jour, de quatre livres à chaque Mestre-de-camp, dont vingt sols de supplément; trois livres trois sols quatre deniers à chaque Lieutenant-colonel, dont trois sols quatre deniers de supplément; quarante-six sols huit deniers à chacun des Capitaines qui ont eu troupe, & qui proviennent de la dernière réforme, dont seize sols huit deniers de supplément; & quarante sols à chacun des autres, dont dix sols de supplément.

Allemand, de Wirtemberg & de Nassau-Saarbruck.

CHACUNE des huit compagnies du régiment de Cavalerie liégeoise de Raugrave, de quarante Maîtres chacune, sera payée en campagne, sur le pied par jour, de cinq livres au Capitaine, cinquante sols au Lieutenant, trente-cinq sols au Cornette, vingt-un sols huit deniers au Maréchal-des-logis, dix sols au Fourrier, sept sols à chaque Brigadier, & cinq sols à chaque Cavalier & au Trompette ou Timbalier où il doit y en avoir.

RÉGIMENT de CAVALERIE LIÉGEOISE de RAUGRAVE.

L'État-major dudit régiment, sera payé sur le pied par jour, de douze livres six sols huit deniers au Mestre-de-camp, neuf livres au Lieutenant-colonel, tant pour leurs appointemens en ladite qualité, que pour leur tenir lieu de ceux de Capitaine, ne devant point avoir de compagnie; sept livres dix sols au Major, cinquante sols à l'Aide-major, trente sols à l'Aumônier, & treize sols quatre deniers au Chirurgien.

État-major.

Les Capitaines réformés, qui étoient entretenus à la suite dudit régiment avant les augmentations ordonnées les 20 novembre 1756 & premier février 1758, & qui pourroient s'y trouver encore, n'ayant point été remplacés,

Capitaines réformés à la suite du régiment de Raugrave.

seront payés en campagne, sur le pied de quarante sols chacun par jour.

Hussards. Chacun des deux régimens Hussards de Berchény & Turpin, composés de neuf cens hommes, au moyen de l'incorporation qui y a été faite de celui de Polleresky, en conséquence de l'ordonnance du 5 mai 1758, formant six escadrons en douze compagnies de soixante-quinze hommes chacune, seront payés, savoir :

Compagnies. Chacune des douze compagnies par régiment, sur le pied par jour, de cinq livres au Capitaine, dont quarante sols de supplément; cinquante sols au premier Lieutenant, dont vingt sols de supplément; quarante sols au second Lieutenant, dont quinze sols de supplément; trente-cinq sols au Cornette, dont douze sols six deniers de supplément; vingt-un sols huit deniers à chacun des deux Maréchaux-des-logis, dont huit sols quatre deniers de supplément; dix sols au Fourrier, dont quatre sols de supplément; sept sols à chacun des six Brigadiers, dont deux sols six deniers de supplément; & cinq sols à chacun des soixante-huit Hussards, y compris le Trompette & le Timbalier, où il doit y en avoir, dont un sol six deniers de supplément.

État-major. L'État-major de chacun desdits régimens de Berchény & Turpin, sera payé sur le pied par jour, de douze livres six sols huit deniers au Mestre-de-camp, dont cinq livres treize sols quatre deniers de supplément; neuf livres au Lieutenant-colonel, dont quatre livres de supplément, tant pour leurs appointemens en leurdite qualité, que pour leur tenir lieu de ceux de Capitaine, ne devant être attachés à aucune compagnie; sept livres six sols huit deniers au Lieutenant-colonel en second, aussi sans compagnie, provenant de l'incorporation des régimens Hussards qui ont

ont été supprimés, dont cinq livres treize sols quatre deniers de supplément ; sept livres dix sols au Major, dont trois livres cinq sols de supplément ; cinquante sols à chacun des deux Aides-major, dont vingt sols de supplément ; trente sols à l'Aumônier, dont vingt-un sols de supplément ; & treize sols quatre deniers au Chirurgien, dont quatre sols quatre deniers de supplément.

Capitaines en pied & Majors réformés à l'incorporation des régimens Hussards qui ont été supprimés.

Les quatre Capitaines en pied & les trois Majors qui ont été réformés à l'incorporation des régimens de Lynden, Beausobre & Ferrary, & qui sont actuellement entretenus en qualité de Capitaines réformés à la suite des deux régimens Hussards qui sont sur pied, jusqu'à leur remplacement à des compagnies vacantes, recevront en servant en campagne, chacun quatre livres par jour, en passant présens aux revûes des Commissaires des guerres.

Capitaines réformés aux régimens d'Hussards, autres que ceux ci-dessus.

Les Capitaines réformés qui étoient à la suite des régimens d'Hussards de Lynden, Beausobre & Ferrary, avant l'incorporation, & qui ont été distribués dans Berchény & Turpin, & ceux du même grade qui se sont trouvés attachés à ces deux derniers régimens, lors de ladite incorporation, seront payés en campagne, à raison chacun de quarante sols par jour, en passant présens aux revûes.

Officiers réformés dudit régiment.

A l'égard des Officiers réformés qui étoient à la suite dudit régiment de Polleresky, & qui ont passé à la suite des régimens de Berchény & de Turpin, ils recevront le même traitement que ceux attachés à ces deux régimens.

Officiers prisonniers de guerre des régimens d'Hussards.

L'intention de Sa Majesté est que les Lieutenans, Lieutenans en second ou Cornettes des régimens Hussards de Berchény & de Turpin, qui sont ou pourront être prisonniers de guerre, soient remplacés par d'autres Officiers qui seront nommés à leurs charges en attendant leur échange, après lequel ils reprendront leurs emplois, & que les Lieutenans, Lieutenans en ſecond ou Cornettes qui remplaceront les priſonniers de guerre ſoient payés des mêmes appointemens dont jouiſſent les Officiers en pied; & qu'après le retour des Officiers priſonniers de guerre, ils continuent de ſervir à la ſuite deſdits régimens juſqu'à ce qu'ils aient été remplacés aux premiers emplois vacans, voulant Sa Majeſté qu'il ne ſoit nommé aucun Officier nouveau que ceux-ci n'aient été remplacés.

CORPS DE CHASSEURS A PIED, attachés aux régimens d'Huſſards de Berchény & de Turpin.

LES deux Corps de Chaſſeurs à pied, créés par ordonnance du 4 janvier 1760, pour être attachés aux régimens de Berchény & de Turpin, compoſés chacun de quatre cens ſoixante hommes en cinq compagnies, dont une de Grenadiers de ſoixante hommes, & quatre de Fuſiliers de cent hommes chacune, ſeront payés, ſavoir;

Compagnies de Grenadiers.

Chaque compagnie de Grenadiers de ces deux Corps, compoſée d'un Capitaine, un Lieutenant, un Sous-lieutenant, trois Sergens, quatre Caporaux, quatre Anſpeſſades, quarante-huit Grenadiers & un Tambour, ſur le pied par jour, de ſix livres treize ſols quatre deniers au Capitaine, cinquante ſols au Lieutenant, trente-trois ſols quatre deniers au Sous-lieutenant, douze ſols quatre deniers à chacun des trois Sergens, huit ſols huit deniers à chacun des quatre Caporaux, ſept ſols huit deniers à chacun des quatre Anſpeſſades, ſix ſols huit deniers à chacun des quarante-huit Grenadiers & au Tambour.

Payes de gratification.

Le Capitaine recevra de plus ſix payes de gratification de ſix ſols huit deniers chacune, ſa compagnie étant complète de ſoixante hommes, cinq à cinquante-huit & cinquante-neuf, trois à cinquante-ſix & cinquante-ſept, & aucune au deſſous dudit nombre de cinquante-ſix.

Chaque compagnie de Fusiliers, composée d'un Capitaine, un Lieutenant, un Sous-lieutenant, quatre Sergens, six Caporaux, six Anspessades, quatre-vingt-deux Fusiliers & deux Tambours, sur le pied par jour, de six livres au Capitaine, quarante sols au Lieutenant, trente sols au Sous-lieutenant, onze sols quatre deniers à chaque Sergent, sept sols huit deniers à chaque Caporal, six sols huit deniers à chaque Anspessade, & cinq sols huit deniers à chaque Fusilier & Tambour.

Compagnies de Fusiliers.

Le Capitaine recevra de plus neuf payes de gratification de cinq sols huit deniers chacune, sa compagnie étant complète à cent hommes, sept à quatre-vingt-dix-huit & quatre-vingt-dix-neuf, cinq à quatre-vingt-seize & quatre-vingt-dix-sept, trois à quatre-vingt-quatorze & quatre-vingt-quinze, & aucune au dessous dudit nombre de quatre-vingt-quatorze.

Payes de gratification.

L'État-major de chacun desdits deux Corps, composé d'un Lieutenant-colonel commandant sous l'autorité du Mestre-de-camp du régiment d'Hussards auquel il est attaché, d'un Aide-major, sera payé à raison de dix livres au Lieutenant-colonel, qui n'aura point de compagnie, & de trois livres six sols huit deniers à l'Aide-major

État-major.

Les Officiers de ces deux corps auront la fourniture du pain de munition *gratis* pendant la campagne.

Et les Sergens & Soldats auront du pain & de la viande; mais il leur sera retenu sur leur solde deux sols pour chaque ration de pain, & aussi deux sols pour chaque livre de viande.

Veut Sa Majesté que la Masse desdits Corps soit payée sur le pied complet, comme il est réglé à l'Infanterie françoise.

Masse.

Régiment Royal-Nassau de Cavalerie légere Allemande.

Le régiment Royal-Nassau, de Cavalerie légère Allemande, porté par ordonnance du 14 juin 1758, à quatre escadrons, de cent cinquante hommes chacun, en huit compagnies de soixante-quinze hommes chacune, sera payé en campagne, savoir;

Compagnies. Chacune des huit compagnies, sur le pied par jour, de cinq livres au Capitaine, cinquante sols au Lieutenant en premier, quarante sols au Lieutenant en second, trente-cinq sols au Cornette, vingt-un sols huit deniers à chacun des deux Maréchaux-des-logis, dix sols au Fourrier, sept sols à chacun des six Brigadiers, & cinq sols à chacun des soixante-sept Cavaliers & au Trompette ou Timbalier.

État-major. L'État-major dudit régiment, sera payé sur le pied par jour, de trois livres six sols huit deniers au Mestre-de-camp-lieutenant, indépendamment de ses appointemens de Capitaine de la première compagnie; neuf livres au Lieutenant-colonel, tant pour ses appointemens en cette qualité, que pour lui tenir lieu de ceux de Capitaine, ne devant point avoir de compagnie; sept livres dix sols au Major, cinquante sols à l'Aide-major, trente sols à l'Aumônier, treize sols quatre deniers au Chirurgien, & dix sols au Prevôt.

Dragons. Chacun des seize régimens de Dragons, mis par ordonnance du 18 août 1755, à quatre escadrons de cent soixante hommes chacun, en quatre compagnies de quarante Dragons montés, faisant en total six cens quarante hommes par régiment, sera payé, savoir;

Compagnies. Chacune des seize compagnies par régiment, composée de quarante hommes, sur le pied par jour, de trois livres dix sols au Capitaine, dont cinquante-cinq sols de supplément; trente sols au Lieutenant, dont vingt sols de supplément;

vingt sols au Cornette, dont quatorze sols de supplément; quinze sols au Maréchal-des-logis, dont dix sols de supplément; huit sols six deniers au Fourrier, cinq sols six deniers à chacun des deux Brigadiers, dont deux sols six deniers de supplément; & quatre sols six deniers à chaque Dragon & au Tambour, dont deux sols de supplément.

Sous-lieutenant & Cornette en charge dans les deux premiers régimens de Dragons.

Le Sous-lieutenant & le Cornette, entretenus dans la compagnie Générale du régiment du Colonel général des Dragons, & le Cornette aussi entretenu dans la compagnie Mestre-de-camp du régiment Mestre-de-camp général, seront payés, à raison par jour, de vingt-trois sols quatre deniers au Sous lieutenant, dont quinze sols quatre deniers de supplément; & de vingt sols à chaque Cornette, dont quatorze sols de supplément.

État-major.

L'État-major de chaque régiment de Dragons, sera payé sur le pied par jour, de neuf livres au Mestre-de-camp, dont sept livres six sols huit deniers de supplément; sept livres six sols huit deniers au Lieutenant-colonel, dont deux livres quinze sols de supplément, tant pour leurs appointemens en leurdite qualité que pour leur tenir lieu de ceux de Capitaine, ne devant point avoir de compagnie; quatre livres au Major, dont trois livres cinq sols de supplément; cinquante sols à chacun des premier & second Aide-major, dont quarante sols de supplément; & trente sols à l'Aumônier, dont vingt-un sols de supplément.

Mestre-de camp en second du régiment de Dragons d'Orléans.

Le S.r marquis de Pons, Mestre-de-camp-lieutenant en second du régiment de Dragons d'Orléans, sera payé de ses appointemens en ladite qualité en campagne, sur le pied de cent trente-six livres treize sols quatre deniers par mois, en passant présent aux revûes des Commissaires des guerres.

1048

Colonel-général & Mestre-de-camp général, qui conservent leur compagnie.

Le Colonel-général & le Mestre-de-camp général des Dragons, auxquels Sa Majesté a conservé leur compagnie, continueront de recevoir en campagne, indépendamment de leurs appointemens de Capitaine, les dix livres par jour qui leur sont attribuées en qualité de Mestre-de-camp, par l'ordonnance de Solde d'hiver.

Anciens Commandans des compagnies à pied de Dragons.

Le Capitaine qui commandoit les quatre compagnies à pied de chaque régiment de Dragons, & qui a passé à une compagnie, continuera de recevoir, indépendamment de ses appointemens de Capitaine, deux livres trois sols quatre deniers par jour, à titre de supplément d'appointemens, jusqu'à ce qu'il passe à un autre grade dont le traitement ne sera point inférieur; & celui qui lui succédera à sa compagnie, ne recevra que les appointemens ordinaires de Capitaine.

Le Sr Lemaire, qui a eu pendant la dernière guerre une commission de Capitaine pour commander la compagnie de Castellanne, dans le régiment de Dragons d'Orléans, pendant l'absence du Capitaine titulaire, sera payé de ses appointemens en campagne, sur le pied de quarante sols par jour, en passant présent aux revûes des Commissaires des guerres.

Officiers réformés à la suite des régimens de Dragons.

Les Officiers réformés avec appointemens, qui auront ordre de servir à la suite des régimens de Dragons, seront payés en campagne, sur le pied qui leur a été réglé pendant l'hiver, à la déduction de trente livres par mois pour chaque Mestre-de-camp, Lieutenant-colonel & Capitaine, & de quinze livres pour chaque Lieutenant.

VOLONTAIRES de SCHOMBERG.

LE régiment de Cavalerie légère des Volontaires de Schomberg, porté par ordonnance du premier février 1758, à quatre cens quatre-vingts hommes, en six brigades de quatre-vingts hommes montés chacune, fera payé, favoir;

Chacune des fix brigades, fur le pied par jour, de treize livres au Capitaine, y compris vingt fols de fupplément; quatre livres feize fols huit deniers au Capitaine en fecond, trois livres fix fols huit deniers au Lieutenant en premier, deux livres treize fols quatre deniers au Lieutenant en fecond, quarante-cinq fols au Cornette, trente fols à chacun des deux Maréchaux-des-logis, dix fols fix deniers à chacun des deux Fourriers, huit fols à chacun des quatre Brigadiers, fept fols à chacun des quatre Sous-brigadiers, fix fols à chacun des foixante-huit Volontaires, & dix fols à chaque Trompette. *Brigades.*

L'État-major dudit régiment, fera payé fur le pied par jour, de trente-neuf livres fix fols huit deniers au Meftre-de-camp, qui n'aura point de compagnie; treize livres au Major, cinq livres dix fols à l'Aide-major, quarante-trois fols quatre deniers à l'Auditeur, pareils quarante-trois fols quatre deniers à l'Aumônier, trois livres au Chirurgien-major, trente fols au Maréchal-des-logis tenant lieu de Fourrier, quarante fols au Prevôt, & pareils quarante fols au Timbalier & à chacun des quatre Hautbois, vingt-fix fols huit deniers au Maître charpentier, & vingt-trois fols quatre deniers à chacun des fix Charpentiers. *État-major.*

Sa Majefté ayant jugé à propos de régler, par une décifion particulière du 16 mars 1757, qu'à compter dudit jour il feroit retenu en faveur & pendant la vie du S.^r le Fort, ci-devant Lieutenant-colonel du régiment des Volontaires de Schomberg, la fomme de trois mille livres par an fur les appointemens de la lieutenance-colonelle; *Appointemens du Lieutenant-colonel du régiment de Schomberg.*

Elle auroit consenti en même temps à ce que le S.r de Cholet, qui lui a succédé dans cette charge, conservât la brigade qu'il avoit dans ledit régiment; à l'effet de quoi Elle ordonne que cette somme de trois mille livres sera prélevée sur les six mille deux cens quarante livres d'appointemens par an attachées à ladite charge de Lieutenant-colonel, & payée à compter dudit jour 16 mars 1757 au S.r le Fort, sur les ordres particuliers que Sa Majesté fera expédier à cet effet, & que tant que cette retenue aura lieu, ledit S.r de Cholet ne reçoive que neuf livres par jour pour ses appointemens de Lieutenant-colonel, indépendamment de son traitement de Capitaine Chef de brigade, dont lui & ses successeurs en ladite charge de Lieutenant-colonel jouiront jusqu'à ce que ladite retenue cesse; son intention étant qu'alors lesdits appointemens soient rétablis à dix-sept livres six sols huit deniers par jour, & que ceux qui rempliront cette charge les reçoivent sur ce pied, en observant qu'ils ne devront plus avoir de brigade, conformément à l'ordonnance du 8 janvier 1751.

Pour le payement de la solde sans aucune retenue.

Au moyen du traitement réglé ci-dessus aux Capitaines Chefs de brigade, Sa Majesté entend qu'ils ne puissent rien retenir sur la solde des Brigadiers, Sous-brigadiers, Trompettes & Volontaires, soit pour le ferrage des chevaux ou quelque autre chose que ce soit, qui demeurera à la charge desdits Capitaines: Ordonne Sa Majesté qu'ils soient tenus de fournir par année, à chacun des hommes de leur brigade, une paire de souliers, deux chemises, un col, & ce qu'il a été d'usage jusqu'à présent de leur donner, indépendamment de leur solde.

IX.

IX.

VEUT Sa Majesté que les quatre Carabiniers qui sont en chacune des compagnies des cinquante-cinq régimens de Cavalerie françoise & des régimens étrangers de Filtzjames, Royal-Allemand, Wirtemberg, Nassau-Saarbruck & Raugrave, les quatre plus anciens Carabiniers de chacune des compagnies des cinq brigades du régiment des Carabiniers de M. le Comte de Provence, & les quatre plus anciens Dragons de chaque compagnie continuent de jouir, pendant la campagne, du supplément de paye de six deniers par jour, qui leur a été réglé par l'ordonnance de solde du 25 février 1758.

Supplément de paye à quatre Carabiniers dans chacune des compagnies de Cavalerie, & aux quatre plus anciens Dragons par compagnie.

X.

OUTRE la solde ci-dessus de la Cavalerie françoise & étrangère & des Dragons, il sera payé douze deniers par jour pour chaque Fourrier, Brigadier, Cavalier, Carabinier, Hussard, Volontaire, Dragon, Trompette, Timbalier & Tambour, pour former une Masse toûjours complète par année, dont le fonds restera entre les mains du Trésorier général de l'extraordinaire des guerres, pour être délivré & employé à la fin de chaque année, ainsi qu'il est réglé par l'ordonnance de solde du 25 février dernier.

MASSE de la Cavalerie & des Dragons.

L'intention de Sa Majesté est que ce qui est ci-dessus réglé pour les Gardes, Gendarmes, Chevaux-légers, Mousquetaires & Grenadiers à cheval, & pour les Sergens, Soldats, Gendarmes & Chevaux-légers de la Gendarmerie, Cavaliers, Carabiniers, Hussards & Dragons des troupes tant françoises qu'étrangères, pendant qu'elles se trouveront

Pour le payement de la solde sans retenue pendant la campagne.

en campagne, leur ſoit entièrement payé, ſans que les Capitaines puiſſent en rien retenir, ſous quelque prétexte que ce puiſſe être; au moyen de quoi, Sa Majeſté veut & entend que la retenue qu'Elle a preſcrite, d'un ſol par jour ſur celle de chaque Cavalier, Carabinier, Huſſard & Dragon, pour reſter entre les mains du Major, Aide-major ou autre Officier chargé du détail de chaque Corps, pour leur être délivré tous les trois mois, après que ledit Officier-major aura examiné s'ils ſont fournis de linge, culotte, bas & ſouliers, n'ait lieu en temps de guerre, que pendant les ſix mois d'hiver, & juſqu'au temps que les régimens qui ſeront deſtinés à ſervir en campagne y entreront.

Pour le traitement des troupes dans les garniſons pendant la campagne.

Comme quelques-uns des régimens deſtinés à ſervir dans les Armées, pourroient demeurer dans les Places pendant une partie de la campagne, Sa Majeſté entend qu'ils y ſoient payés de leur ſolde d'hiver en conformité de l'ordonnance du 25 février dernier, que le pain ſoit fourni aux Sergens, Soldats, Cavaliers, Carabiniers, Huſſards, Dragons, Trompettes, Timbaliers & Tambours, & qu'il ſoit retenu ſur leur ſolde deux ſols pour chaque ration.

X I.

Pain de munition aux Troupes.

Compoſition de la ration.

Pour les Sergens, Cadets, Fourriers, Capitaines-d'armes, Caporaux, Anſpeſſades, Canonniers, Charpentiers, Ouvriers, Bombardiers, Sappeurs, Mineurs, Grenadiers, Fuſiliers, Chaſſeurs, Fifres, Tambourins, Tambours, Brigadiers, Cavaliers, Huſſards, Dragons, Trompettes, Timbaliers & Hautbois, la ration ſera de vingt-huit onces, cuit & raſſis; & pour les Officiers de ſes troupes, comme par le paſſé, ſur le pied de vingt-quatre onces, conformément à l'ordonnance du premier mai 1758.

Sa Majeſté voulant régler les quantités de rations de pain de munition qui ſeront fournies aux Troupes deſtinées à ſervir dans ſes Armées pendant la campagne, Elle ordonne que cette fourniture leur ſoit faite ſur le pied ci-après,

SAVOIR:

rations.

GARDES-FRANÇOISES. Compagnies de Grenadiers.

A chaque compagnie de Grenadiers du régiment des Gardes-françoiſes, qui ſervira en campagne, compoſée de cent quatre Grenadiers qui auront chacun une ration, & de ſix Sergens qui auront chacun deux rations, la quantité de cent ſeize rations de pain de munition par jour (les Officiers n'en devant point avoir), ci . . . 116.

Compagnies de Fuſiliers.

A chaque compagnie de Fuſiliers dudit régiment des Gardes-françoiſes, qui ſervira en campagne, compoſée de cent trente-quatre Fuſiliers qui auront chacun une ration, & de ſix Sergens qui auront chacun deux rations, la quantité de cent quarante-ſix rations de pain par jour (les Officiers n'en devant point avoir), ci . . . . 146.

GARDES-SUISSES. Compagnies.

A chacune des compagnies du régiment des Gardes-ſuiſſes, qui ſervira en campagne, compoſée de deux cens hommes, les Officiers compris, la quantité de deux cens rations par jour, ci . . . . 200.

Retenue pour le pain de munition des Gardes-françoiſes & Suiſſes.

Pour lequel pain de munition ci-deſſus réglé pour les compagnies de Grenadiers & de Fuſiliers du régiment des Gardes-françoiſes, & compagnies du régiment des Gardes-ſuiſſes, il ſera retenu ſur la ſolde deſdites compagnies, deux ſols par ration de pain qui leur ſera fournie, conformément au nombre d'hommes qui ſeront employés dans les revûes des Commissaires des guerres préposés à cet effet.

INFANTERIE FRANÇOISE, CORPS des GRENADIERS de FRANCE, CORPS ROYAL de l'ARTILLERIE. COMPAGNIES d'OUVRIERS & de MINEURS, INFANTERIE ITALIENNE, IRLANDOISE & ECOSSOISE, & les régimens ROYAL-LORRAINE & ROYAL-BARROIS.

Il sera fourni du pain de munition aux Officiers & Soldats des régimens d'Infanterie françoise, du Corps des Grenadiers de France, des six brigades du Corps royal de l'Artillerie, des six compagnies d'Ouvriers & six compgnies de Mineurs; & des régimens d'Infanterie Italienne, Irlandoise & Écossoise, & les régimens Royal-Lorraine & Royal-Barrois, lorsqu'ils serviront en campagne, sur le pied par jour, savoir;

Compagnies.

	rations.
A chaque Capitaine en pied, six rations, ci	6.
A chaque Capitaine en second, ci-devant en pied, provenant de la réforme de 1748, & qui tiennent lieu de Lieutenant dans les compagnies, pareil nombre de six rations, ci	6.
A chaque Capitaine en second des régimens Royal-Lorraine & Royal-Barrois, du Corps royal de l'Artillerie, des Ouvriers & Mineurs, des régimens Royal-Italien & Royal-Corse, & des régimens Irlandois & Écossois, la quantité de cinq rations, ci	5.
A chaque Lieutenant des compagnies d'Infanterie françoise, des régimens Royal-Italien & Royal-Corse, des régimens Irlandois & Écossois, & les premiers Lieutenans en second & Lieutenans en troisième des compagnies du Corps royal de l'Artillerie, & des compagnies d'Ouvriers & de Mineurs, la quantité de quatre rations, ci	4.
A chaque second Capitaine en second du régiment Royal-Italien, qui fait les fonctions de Lieutenant, pareille quantité de quatre rations, ci	4.
A chaque Lieutenant en second, Sous-lieutenant & Enseigne, trois rations, ci	3.

1055

rations.

A chaque Lieutenant en second & Sous-lieutenant sans appointemens qui servent dans le régiment du Roi, trois rations, ci . . . . 3.

A chaque Sergent d'Infanterie, Maître-ouvrier, ou Maître-batelier, deux rations, ci . . . . 2.

A chaque Caporal, Anspessade, Sous-maître-ouvrier, Grenadier, Appointé, Fusilier, Sappeur, Canonnier, Bombardier, Mineur, Ouvrier, Apprentif & Tambour, une ration, ci . . . . 1.

Surnuméraires du régiment du Roi.

A chacun des trois cens quarante Surnuméraires qui sont entretenus au-delà du complet, dans le régiment d'Infanterie de Sa Majesté, à raison de cinq hommes par compagnie, une ration, ci . . . . 1.

États-majors de l'Infanterie Françoise, &c.

Les Officiers de l'État-major de chacun des régimens d'Infanterie Françoise, Italienne & Écossoise, & de chacune des six brigades du Corps royal de l'Artillerie, & des régimens Royal-Lorraine & Royal-Barrois, en servant en campagne, recevront le pain de munition sur le pied par jour, savoir;

A chaque Colonel, sans compagnie, des régimens d'Infanterie, & Chef de brigade de Royal-Artillerie, dix-huit rations, ci . . . . 18.

A chaque Colonel du Corps royal de l'Artillerie, seize rations, ci . . . . 16.

Au Colonel en second du régiment des Gardes de Lorraine, & au Colonel commandant du régiment de Royal-Italien, quatorze rations, ci . . . . 14.

Au Colonel commandant du régiment Royal-Corse, qui a compagnie, huit rations, ci . . . . 8.

A chaque Lieutenant-colonel, sans compagnie, dix rations, ci . . . . 10.

rations.

A chaque Commandant des fecond, troifième & quatrième bataillons d'Infanterie Françoife, huit rations, ci. . . . . 8.

Au premier Capitaine commandant les fix compagnies de Mineurs, huit rations, ci . . . . 8.

Au premier Capitaine en fecond de la première compagnie de Mineurs, fix rations, ci . . . . 6.

A chaque Major, fix rations, ci . . . . 6.

A chaque Aide-major, & à chacun des fix Sous-aides-major du Corps royal de l'Artillerie, quatre rations, ci... 4.

A chaque Garçon-major du Corps royal de l'Artillerie, trois rations, ci . . . . 3.

A chaque Maréchal-des-logis, trois rations, ci . . . . . . 3.

A chaque Aumônier & Chirurgien, deux rations, ci . . . 2.

Au Tambour-major de chacun des régimens Royal-Italien & Royal-Corfe, une ration, ci . . . . 1.

Colonel-lieutenant du régiment du Roi. Au Colonel-lieutenant du régiment d'Infanterie de Sa Majefté, auquel la compagnie a été confervée, douze rations de pain par jour, outre celles qui lui font attribuées comme Capitaine, ci . . . . 12.

Maîtres à enfeigner du régiment du Roi. Aux quatre Maîtres, pour enfeigner, du régiment d'Infanterie de Sa Majefté, la quantité de feize rations, à raifon de quatre rations à chacun, ci . . . . 16.

Prevôtés. La Prevôté de chacun des régimens d'Infanterie Françoife où il y en a, de Royal-Italien, Royal-Corfe & de Rooth & Berwick Irlandois, aura du pain de munition en fervant en campagne, fur le pied par jour, favoir;

Au Prevôt, quatre rations, ci . . . . 4.

A fon Lieutenant, trois rations, ci . . . . 3.

Au Greffier, deux rations, ci . . . . 2.

A chacun des cinq Archers & à l'Exécuteur de Juftice, une ration, ci . . . . 1.

1057

L'État-major du Corps des Grenadiers de France, recevra le pain de munition, en ſervant en campagne, ſur le pied par jour, ſavoir; *État-major.*

A l'Inſpecteur commandant en chef, vingt-quatre rations, ci . . . . 24.

Au Commandant en ſecond du corps, dix-huit rations, ci . . . . 18.

A chaque Colonel attaché au corps, qui ſervira en campagne, ſeize rations, ci . . . . 16.

A chaque Lieutenant-colonel, dix rations, ci . . . . 10.

Au Major du corps, dix-huit rations, ci . . . . 18.

A l'Aide-major dudit corps, huit rations, ci . . . . . . 8.

A chacun des quatre Aides-major de brigade, ſix rations, ci . . . . 6.

A chacun des quatre Sous-aides-major de brigade, quatre rations, ci . . . . 4.

Au Tambour-major & au Fifre deſdits Grenadiers de France, chacun une ration, ci . . . . 1.

Les Officiers réformés d'Infanterie Françoiſe, Italienne, Irlandoiſe & Écoſſoiſe, qui ſerviront en campagne à la ſuite deſdits régimens, recevront le pain de munition ſur le pied par jour, ſavoir; *Officiers réformés d'Infanterie.*

A chaque Colonel & Lieutenant-colonel, ſix rations, ci . . 6.

A chaque Capitaine, quatre rations, ci . . . . 4.

A chaque Lieutenant, deux rations, ci . . . . 2.

Les compagnies des régimens de Grenadiers-royaux, qui ſerviront en campagne, & celles des bataillons de Milice qui camperont, auront du pain de munition ſur le pied par jour, ſavoir; *MILICE & RÉGIMENS des GRENADIERS-ROYAUX.*

rations.

A chaque Sergent, deux rations, ci . . . . 2.

A chaque Caporal, Anſpeſſade, Grenadier, Grenadier-poſtiche, Fuſilier & Tambour, une ration, ci . . . . . 1.

Pain des Officiers de Grenadiers-royaux.

Sa Majeſté veut bien accorder aux Officiers des régimens de Grenadiers-royaux, qui ſervent en campagne, & aux Officiers des bataillons de Milice qui camperont, la fourniture du pain de munition *gratis*, ſuivant leur grade, aux mêmes quantités de rations ci-deſſus réglées pour les Officiers de l'Infanterie françoiſe: A l'égard des Officiers des bataillons de Milice employés dans les communications à l'armée, ils auront la liberté de prendre du pain de munition, comme par le paſſé; mais il ſera retenu ſur leurs appointemens, deux ſols pour chaque ration de pain qui leur ſera fournie.

A l'égard des Sergens & Soldats des bataillons de Milices qui ſont employés dans les communications à l'armée, comme ils ſont à la ſolde de garniſon, il leur ſera auſſi retenu deux ſols pour chaque ration de pain.

Troupes-légères.

Sa Majeſté veut bien auſſi accorder la fourniture du pain de munition *gratis* aux Officiers d'Infanterie, Cavalerie, Huſſards & Dragons des Troupes légères qui ſervent dans ſes armées, laquelle fourniture leur ſera faite ſur le pied par jour ainſi qu'il eſt expliqué ci-après.

Régiment des Volontaires de Flandre, du Haynault, Dauphiné,

Compagnies de Grenadiers & de Fusiliers.

rations.

A chaque Capitaine, ſix rations, ci . . . . 6.

A chaque Lieutenant ou Sous-lieutenant, trois rations, ci . . . . 3.

Compagnies

1069

COMPAGNIES DE DRAGONS.

de CLERMONT & d'AUSTRASIE:

	rations.
A chaque Capitaine, ſix rations, ci	6.
A chaque Lieutenant, quatre rations, ci	4.
A chaque Cornette, trois rations, ci	3.
A chaque Maréchal-des-logis, deux rations, ci	2.

ÉTAT-MAJOR.

A chaque Colonel, ſans compagnie, dix-huit rations, ci . .	18.
A chaque Lieutenant-colonel, ſans compagnie, dix rations, ci	10.
A chaque Commandant de l'Infanterie, ayant compagnie, deux rations, ci	2.
A chaque Major, ſix rations, ci	6.
A chaque Aide-major d'Infanterie, quatre rations, ci. . .	4.
A chaque Aide-major de Dragons, quatre rations, ci . .	4.
A chaque Aumônier & Chirurgien, deux rations, ci . .	2.

OFFICIERS RÉFORMÉS.

Au ſieur de Romé, Lieutenant - colonel réformé, huit rations, ci	8.	
A chaque Capitaine réformé, quatre rations, ci	4.	
A chaque Capitaine en pied, ſix rations, ci.	6.	*LÉGION-ROYALE. Compagnies de Grenadiers.*
A chaque Lieutenant, trois rations, ci	3.	
A chaque Lieutenant en ſecond, trois rations, ci	3.	
A chaque Capitaine titulaire, ſix rations, ci	6.	*Compagnies mêlées d'Infanterie, de Cavalerie ou de Dragons.*
A chaque Capitaine en ſecond, quatre rations, ci. . . .	4.	*Pour la partie de l'Infanterie.*

rations.

A chaque Lieutenant & Lieutenant en second ou Enseigne, trois rations, ci . . . . 3.

Pour la partie de la Cavalerie & Dragons. A chaque Capitaine en second, quatre rations, ci. . . . 4.

A chaque Lieutenant & Lieutenant en second, trois rations, ci. . . . . 3.

A chaque Maréchal-des-logis, deux rations, ci. . . . . . 2.

Compagnies d'Hussards. A chaque Capitaine en pied, six rations, ci. . . . . . . 6.

A chaque Lieutenant en premier, quatre rations, ci. . . 4.

A chaque second Lieutenant & Cornette, trois rations, ci . . . . 3.

A chaque Maréchal-des-logis, deux rations, ci . . . . . . 2.

Compagnies d'Ouvriers. Au Capitaine, quatre rations, ci . . . . 4.

A chaque Lieutenant, Lieutenant en second & Sous-lieutenant, trois rations, ci . . . . 3.

État-major. Au Colonel commandant, sans compagnie, dix-huit rations, ci . . . . 18.

Au Colonel commandant en second, sans compagnie, quatorze rations, ci . . . . 14.

Au Lieutenant-colonel, avec compagnie, quatre rations, ci . . . . 4.

Au Major, six rations, ci . . . . 6.

A chaque Aide-Major d'Infanterie ou de Dragons, quatre rations, ci . . . . 4.

A l'Aumônier, deux rations, ci . . . . 2.

A chaque Chirurgien-major & Chirurgien Aide-major, deux rations, ci. 2.

Au Prevôt, trois rations, ci. . . . . 3.

ROYAL-CANTABRES.

Compagnies de Grenadiers & de Fusiliers. A chaque Capitaine de Grenadiers & de Fusiliers, six rations, ci. . . . . 6.

rations.

A chaque Capitaine en second, quatre rations, ci. . . . 4.

A chaque Lieutenant ou Lieutenant en second, trois rations, ci. . . . . 3.

Au Colonel-lieutenant, sans compagnie, dix-huit rations, ci. . . . . 18. *État-major.*

Au Lieutenant-colonel, aussi sans compagnie, dix rations, ci. . . . . 10.

Au Major, six rations, ci. . . . . 6.

A l'Aide-major, quatre rations, ci . . . . 4.

A l'Aumônier & au Chirurgien, chacun deux rations, ci. . 2.

Corps de Fischer.

A chaque Capitaine en second, cinq rations, ci. . . . . 5. *Compagnies d'Infanterie.*

A chaque premier & second Lieutenant, & Sous-lieutenant, trois rations, ci . . . . 3.

A chaque premier Capitaine en second, cinq rations, ci. . . 5. *Compagnies de Cavalerie.*

A chaque second Capitaine en second & premier Lieutenant, quatre rations, ci. . . . . 4.

A chaque second Lieutenant, trois rations, ci. . . . . . 3.

A chaque Maréchal-des-logis, deux rations, ci. . . . . 2.

Au Commandant du Corps, & comme Capitaine de toutes les compagnies, dix-huit rations, ci. . . . . 18. *État major.*

Au Lieutenant-colonel, sans compagnie, dix rations, ci. . . 10.

Au Major, six rations, ci. . . . . 6.

A chaque Aide-major d'Infanterie ou de Cavalerie, quatre rations, ci. . . . . 4.

A chacun des Aumônier & Chirurgien, deux rations, ci. . . 2.

Au Prevôt, trois rations, ci. . . . . 3.

Fusiliers de Montagne.

A chaque Capitaine en premier, six rations, ci. . . . . 6.

A chaque Capitaine en second, quatre rations, ci. . . . 4.

	rations.
A chaque Lieutenant, trois rations, ci.	3.
Au Commandant, ſans compagnie, dix-huit rations, ci. . .	18.
A l'Aide-major, quatre rations, ci.	4.

COMPAGNIE DE FUSILIERS-GUIDES.

Au Capitaine, ſix rations, ci.	6.
A chaque Lieutenant ou Sous-lieutenant, quatre rations, ci. .	4.

COMPAGNIE FRANCHE DES VOLONTAIRES DE CAMBEFORT.

Au Capitaine titulaire, ſix rations, ci.	6.
Au Capitaine en ſecond d'Infanterie, quatre rations, ci. . .	4.
A chaque Lieutenant ou Sous-lieutenant d'Infanterie, trois rations, ci	3.
Au Lieutenant & au Sous-lieutenant de Dragons, chacun quatre rations, ci.	4.
A chaque Maréchal-des-logis, deux rations, ci.	2.

A l'égard des Sergens, Cadets, Fourriers, Capitaines d'armes, Caporaux, Anſpeſſades, Canonniers, Charpentiers, Ouvriers, Grenadiers, Fuſiliers, Tambours, Tambourins, Brigadiers, Cavaliers, Huſſards, Dragons, Guides, Trompettes & Timbaliers, il leur ſera fourni, lorſque les Corps ſerviront auſſi en campagne, ſavoir, deux rations de pain de munition par jour à chaque Sergent, & aux Brigadiers du corps des Fuſiliers de Montagne, & une ration à chacun des autres, même aux ſurnuméraires qui ſervent à pied dans le corps de Chaſſeurs de Fiſcher; mais il leur ſera retenu alors deux ſols pour chaque ration ſur leur ſolde.

SUISSES & GRISONS. Compagnies. Chacune des compagnies des régimens Suiſſes & Griſons, qui ſerviront en campagne, compoſée de cent vingt hommes, y compris les Officiers, recevra cent vingt rations de pain par jour, & il sera retenu sur la solde deux sols pour chaque ration qui lui sera fournie, suivant les revûes des Commissaires des guerres, ci... 120.

Retenue pour le pain.

RÉGIMENS d'INFANTERIE ALLEMANDE.

LES Officiers des régimens d'Infanterie Allemande d'Alsace, d'Anhalt, la Marck, Royal-Suédois, Royal-Bavière, de Nassau & Royal-Deux-Ponts, recevront, en conséquence de leur nouvelle capitulation, la fourniture du pain de munition *gratis*, sur le pied ci-après, savoir;

COMPAGNIE DE GRENADIERS ET DE FUSILIERS.

A chaque Capitaine, six rations, ci . . . . 6.

A chaque Capitaine-lieutenant, cinq rations, ci . . . . . 5.

A chaque Lieutenant, quatre rations, ci . . . . 4.

A chaque Sous-lieutenant & Enseigne, trois rations, ci... 3.

ÉTAT-MAJOR.

Au Colonel en second du régiment d'Alsace, & au Colonel en second du régiment Royal-Deux-Ponts, chacun douze rations, indépendamment de celles qu'ils recevront comme Capitaine, ci . . . . 12.

Au Colonel de chacun des autres régimens, *idem*, ci . . 12.

A chaque Colonel-commandant desdits régimens, huit rations, indépendamment de celles qu'il recevra comme Capitaine, ci . . . . 8.

A chaque Lieutenant-colonel, quatre rations, indépendamment de celles qu'il recevra comme Capitaine, ci. 4.

A chaque Commandant de bataillon, deux rations, indépendamment de celles qu'il recevra comme Capitaine, ci . . . . 2.

A chaque Major, six rations, ci . . . . 6.

A chaque Aide-major, quatre rations, ci . . . . 4.

A chaque Sous-aide-major, trois rations, ci . . . . 3.

1064

rations.

A chaque Aumônier & Chirurgien, deux rations, ci . . . 2.

OFFICIERS RÉFORMÉS.

Les Officiers réformés, qui serviront en campagne, recevront du pain de munition sur le pied par jour, savoir ;

A chaque Colonel & Lieutenant-colonel, six rations, ci . 6.

A chaque Commandant de bataillon, cinq rations, ci . . 5.

A chaque Capitaine, quatre rations, ci . . . . 4.

A chaque Lieutenant, deux rations, ci . . . . 2.

Il sera aussi fourni à chacun des hommes dont chaque compagnie se trouvera composée, suivant les revûes des Commissaires des guerres, une ration de pain de munition par jour, pour laquelle il leur sera retenu deux sols sur leur solde.

Le Capitaine, le Lieutenant, le Sous-lieutenant, les quatre Sergens & les huit Caporaux attachés à chacun de ces régimens pour le travail des recrues, ne doivent point participer à cette fourniture.

RÉGIMENS de BOUILLON, de VIERZET & d'HORION.

Retenue pour le pain.

Chacune des compagnies du régiment étranger de Bouillon, & des régimens d'Infanterie liégeoise de Vierzet & d'Horion, composée de quatre-vingt-cinq hommes, non compris les Officiers, recevra le pain de munition, en servant en campagne, sur le pied de quatre-vingt-cinq rations par jour (les Officiers n'en devant point avoir), dont la retenue sera faite sur la solde, à raison de deux sols pour chaque ration qui sera fournie aux compagnies, suivant les revûes des Commissaires des guerres, ci. . . . . 85.

GENDARMERIE.

GARDES-DU-CORPS du Roi.

LES Cornettes des quatre compagnies des Gardes-du-corps de Sa Majesté, auront le pain de munition, en servant en campagne, sur le pied par jour, savoir;

A chaque Lieutenant & Enseigne, six rations, ci. . . . . . 6.

A chaque Exempt & Aide-major qui auront rang d'Enseigne, pareille quantité de six rations, ci. . . . . 6.

A chaque Exempt, Aide-major & Sous-aide-major, quatre rations, ci . . . . 4.

A chacun des quatre Aumôniers, deux rations, ci . . . . 2.

A chaque Brigadier, Sous-brigadier, Garde-du-corps, Trompette, Timbalier & Chirurgien, une ration, ci... 1.

Gendarmes & Chevaux-légers de la Garde du Roi.

La Cornette de la compagnie des Gendarmes & celle de la compagnie des Chevaux-légers de la garde de Sa Majesté, auront du pain de munition, en servant en campagne, sur le pied par jour, savoir;

A chaque Capitaine-lieutenant, douze rations, ci. . . . . 12.

A chaque Sous-lieutenant, six rations, ci. . . . . 6.

A chaque Enseigne, Guidon & Cornette, trois rations, ci. . . . . 3.

A chaque Aide-major, Maréchal-des-logis & Aumônier, deux rations, ci . . . . 2.

A chaque Brigadier, Sous-brigadier, Porte-étendard, Sous-aide-major, Gendarme, Chevau-leger, Trompette, Timbalier, Chirurgien, Apothicaire, Fourrier, Sellier & Maréchal-ferrant, une ration, ci . . . . 1.

Mousquetaires de la Garde du Roi.

Les détachemens des deux compagnies de Mousquetaires de la garde de Sa Majesté, auront le pain de munition, en servant en campagne, sur le pied par jour, savoir;

A chaque Sous-lieutenant, Enseigne & Cornette, six rations, ci . . . . 6.

rations.

A chaque Maréchal-des-logis, dont deux font les fonctions d'Aide-major, deux rations, ci . . . . 2.

A chaque Aumônier, deux rations, ci . . . . 2.

A chaque Brigadier, Sous-brigadier, dont deux font les fonctions de Sous-aide major, Porte-étendard, Mousquetaire, Tambour, Chirurgien, Apothicaire, Fourrier, Sellier & Maréchal-ferrant, une ration, ci . . . . 1.

Grenadiers à Cheval.

La compagnie des Grenadiers à cheval de Sa Majesté, recevra le pain de munition, en servant en campagne, sur le pied par jour, savoir;

Au Capitaine-lieutenant, six rations, ci . . . . 6.

A chaque Lieutenant, quatre rations, ci . . . . 4.

A chaque Sous-lieutenant, trois rations, ci . . . . 3.

A chaque Maréchal-des-logis & à l'Aumônier, deux rations, ci . . . . 2.

A chaque Sergent, Brigadier, Sous-brigadier, Appointé, Porte-étendard, Grenadier à cheval & Tambour, une ration, ci . . . . 1.

Gendarmerie. Compagnies de Gendarmes & de Chevaux-légers.

Les dix compagnies de Gendarmes, & les six compagnies de Chevaux-légers de la Gendarmerie, recevront le pain de munition, en servant en campagne, sur le pied par jour, savoir;

A chaque Capitaine-lieutenant, dix rations, ci . . . . . . 10.

A chaque Sous-lieutenant, quatre rations, ci . . . . . . 4.

A chaque Enseigne, Guidon & Cornette, trois rations, ci . . . . 3.

A chaque Maréchal-des-logis, deux rations, ci . . . . . 2.

A chaque Brigadier, Sous-brigadier, Porte-étendard, Gendarme, Chevau-léger, Trompette, & à chacun des huit Timbaliers de ladite Gendarmerie, une ration, ci... 1.

Au

rations.

Au Major, douze rations, ci	12.	*État-major de la Gendarmerie.*
A l'Aide-major, huit rations, ci	8.	
A chacun des deux Sous-aides-major, six rations, ci . .	6.	
A chacun des deux Aumôniers de ladite Gendarmerie, deux rations, ci	2.	

CAVALERIE FRANÇOISE ET ÉTRANGÉRE, CARABINIERS, HUSSARDS & DRAGONS.

Les compagnies des régimens de Cavalerie françoise, des Carabiniers de M. le Comte de Provence, de la Cavalerie étrangère, de Hussards & de Dragons, qui serviront en campagne, recevront le pain de munition sur le pied par jour, savoir; *CAVALERIE, HUSSARDS & DRAGONS.*

A chaque Capitaine en pied & à chaque Capitaine réformé en 1748 & 1749, qui a eu troupe, six rations, ci . . .	6.	*Compagnies.*
A chaque Lieutenant & au Sous-lieutenant en charge qui est en chacune des compagnies Colonelle des régimens du Colonel-général de la Cavalerie & du Colonel-général des Dragons, quatre rations, ci	4.	
A chaque Lieutenant en second des régimens d'Hussards & du régiment de Royal-Nassau de Cavalerie allemande, trois rations, ci	3.	
A chaque Cornette, trois rations, ci	3.	
A chaque Maréchal-des-logis, deux rations, ci	2.	
A chaque Fourrier, Brigadier, Cavalier, Carabinier, Volontaire, Hussard, Dragon, Trompette, Timbalier & Tambour, une ration, ci	1.	

Les Officiers des États-majors desdits régimens de Cavalerie & de Dragons, qui serviront en campagne, recevront le pain de munition sur le pied par jour, savoir; *États-majors de la Cavalerie, des Hussards & des Dragons.*

rations.

A chaque Meſtre-de-camp de Cavalerie & de Dragons, & Meſtre-de-camp-lieutenant de chaque brigade du régiment des Carabiniers, auxquels Sa Majeſté a conſervé les compagnies, douze rations, indépendamment de celles qu'ils reçoivent comme Capitaine, ci . . . . . 12.

A chaque Lieutenant-colonel, auquel Sa Majeſté a pareillement conſervé ſa compagnie, quatre rations, outre celles qui lui ſont attribuées comme Capitaine, ci . . . 4.

A chaque Meſtre-de-camp de Cavalerie & de Dragons, ſans compagnie, dix-huit rations, ci . . . . 18.

A chaque Meſtre-de-camp en ſecond des régimens de Wirtemberg & d'Orléans Dragons, quatorze rations, ci . . . . 14.

Au Meſtre-de-camp-lieutenant du régiment des Carabiniers, vingt-quatre rations, indépendamment des ſix rations qu'il recevra comme Capitaine, ci . . . . 24.

Au Major du même régiment, ayant rang de Meſtre-de-camp, douze rations, ci . . . . 12.

A l'Aide-major du même régiment, huit rations, ci . . . 8.

A chaque Lieutenant-colonel, auſſi ſans compagnie, dix rations, ci . . . . 10.

Au Lieutenant-colonel en ſecond, qui eſt entretenu en chacun des régimens d'Huſſards, huit rations, ci . . . . 8.

Au Major du régiment de Wirtemberg, huit rations, ci . . 8.

A chaque Major, dont deux dans Royal-Allemand, ſix rations, ci . . . . 6.

A chaque Aide-major des Carabiniers, ſix rations, ci . . 6.

A chaque Aide-major de Cavalerie, Huſſards & Dragons, & Sous-aide-major de Carabiniers, quatre rations, ci . . 4.

A chaque ſecond Aide-major des régimens d'Huſſards & de Dragons, quatre rations, ci . . . . 4.

A chaque Aumônier & Chirurgien dans la Cavalerie,

rations.

les Huſſards & Cavalerie légère, & à l'Aumônier ſeulement dans les Dragons, deux rations, ci . . . . 2.

Dans le régiment de Royal-Allemand, deux rations au Maréchal-des-logis de l'État-major, ci . . . . 2. *Royal-Allemand.*

Au Prevôt dudit régiment, quatre rations, ci . . . . . . 4. *Prevôté.*

A ſon Lieutenant, trois rations, ci . . . . 3.

Au Greffier, deux rations, ci . . . . 2.

A chacun des quatre Archers & à l'Exécuteur de Juſtice, une ration, ci . . . . 1.

Pour les femmes & enfans dudit régiment Royal-Allemand, la quantité de ſoixante rations de pain par jour, ci . . . 60.

Dans le régiment de Wirtemberg, quatre rations par jour à l'Auditeur, ci . . . . 4. *Wirtemberg.* *Prevôté.*

Au Greffier, deux rations, ci . . . . 2.

A chacun des trois Archers & à l'Exécuteur de Juſtice, une ration, ci . . . . 1.

Au Prevôt du régiment Royal-Naſſau, trois rations, ci . . . . 3. *Royal-Naſſau de Cavalerie légère Allemande.* *Prevôté.*

Les Officiers du régiment des Volontaires de Schomberg, auront la fourniture de pain de munition *gratis*, lorſque ce régiment ſervira en campagne; elle leur ſera faite ſur le pied par jour, ſavoir; *Volontaires de Schomberg.*

A chaque Capitaine chef de brigade, ſix rations, ci . . . 6. *Brigades.*

A chaque Capitaine en ſecond, quatre rations, ci . . . . 4.

A chaque Lieutenant en premier, Lieutenant en ſecond & Cornette, trois rations, ci . . . . 3.

A chaque Maréchal-des-logis, deux rations, ci . . . . . . 2.

Au Meſtre-de-camp, qui ne doit point avoir de brigade, dix-huit rations, ci . . . . 18. *État-major.*

10760

	rations.
Au Lieutenant-colonel, qui a une brigade, quatre rations, ci.	4.
Au Major, six rations, ci	6.
A l'Aide-major, quatre rations, ci	4.
Et à chacun des dix-sept petits Officiers, une ration, ci .	1.

A l'égard des Brigadiers, Sous-Brigadiers, Fourriers, Volontaires & Trompettes, il leur sera fourni à chacun une ration de pain de munition par jour, lorsque le régiment sera en campagne; mais il leur sera retenu deux sols pour chaque ration sur leur solde.

CHASSEURS A PIED, attachés aux régimens Hussards.

LES Officiers des deux corps de Chasseurs à pied, attachés aux régimens d'Hussards de Berchény & de Turpin, auront la fourniture du pain de munition *gratis*, lorsque ces deux corps serviront en campagne; elle leur sera faite sur le pied par jour, savoir;

	rations.
A chaque Capitaine de Grenadiers ou de Fusiliers, six rations, ci	6.
A chaque Lieutenant, quatre rations, ci	4.
A chaque Sous-lieutenant, trois rations, ci	3.
Au Lieutenant-colonel, sans compagnie, dix rations, ci.	10.
A l'Aide-major, quatre rations, ci	4.

A l'égard des Sergens, Caporaux, Anspessades, Grenadiers, Fusiliers & Tambours, il leur sera fourni, lorsque ces Corps serviront en campagne, savoir, deux rations à chaque Sergent, & une ration à chacun des autres; mais il leur sera retenu deux sols sur leur solde pour chaque ration.

Officiers réformés de Cavalerie.

Les Officiers réformés, avec appointemens, à la suite des régimens de Cavalerie Françoise & Étrangère, de

Huſſards & de Dragons, auront du pain de munition, en ſervant en campagne, ſur le pied par jour, ſavoir;

	rations.
A chaque Meſtre-de-camp & à chaque Lieutenant-colonel, ſix rations, ci	6.
A chaque Capitaine, quatre rations, ci	4.
A chaque Lieutenant, deux rations, ci	2.

L'intention de Sa Majeſté eſt que la fourniture du pain de munition ſoit faite à ſes troupes d'Infanterie, à celles de ſa Maiſon, à la Gendarmerie, à la Cavalerie françoiſe & étrangère, Carabiniers, Huſſards & Dragons, pendant qu'elles ſerviront en campagne, conformément au règlement ci-deſſus, & ſur les états particuliers que Sa Majeſté en fera expédier; en obſervant que ladite fourniture de pain ne doit être faite que pour le nombre d'hommes préſens & effectifs aux revûes des Commiſſaires des guerres prépoſés à cet effet.

XII.

VIANDE.

La viande ſera fournie ſur le pied d'une demi-livre par jour, même les 31 des mois de Mai, Juillet, Août & Octobre, à l'exception des vendredis, aux Sergens, Soldats & Tambours de l'Infanterie françoiſe, des régimens de Grenadiers-royaux & des bataillons de Milice, qui camperont, ſans aucune retenue, ſur la ſolde de campagne.

Elle ſera fournie aux Sergens & Soldats des régimens d'Infanterie Allemande, d'Alſace, d'Anhalt, la Marck, Royal-Suédois, Royal-Bavière, Naſſau & Royal-Deux-

Ponts, lorſqu'ils ſerviront en campagne, & aux bataillons de Milice employés pour les communications; mais il ſera retenu ſur leur ſolde deux ſols pour chaque livre de viande.

Elle ſera pareillement fournie aux Sergens & Soldats des régimens de Bouillon, de Vierzet & d'Horion, des régimens d'Infanterie Italienne, Irlandoiſe & Écoſſoiſe; mais il leur ſera retenu ſur leur ſolde, pour chaque livre de viande, deux ſols onze deniers.

Dans le cas où les régimens Suiſſes & Griſons ſerviront en campagne, ils recevront la fourniture de la viande, ſur le même pied d'une demi-livre pour chaque homme, & la retenue leur en ſera faite à raiſon de deux ſols onze deniers la livre; entendant Sa Majeſté que cette fourniture n'ait lieu, pour chaque compagnie, que ſur le pied de cent quinze hommes, les Officiers n'en devant point avoir.

La viande ſera pareillement fournie aux Brigadiers, Cavaliers, Carabiniers, Huſſards, Dragons, Timbaliers, Trompettes & Tambours, & il ſera retenu pour chaque livre de viande, trois ſols cinq deniers ſur leur ſolde.

Sa Majeſté veut bien auſſi permettre aux régimens & corps des Troupes légères, y compris les Volontaires de Schomberg & les deux corps de Chaſſeurs à pied, de prendre de la viande dans le cas où ils ſerviront en campagne; & ſon intention eſt qu'il ſoit retenu deux ſols pour chaque livre de viande à l'Infanterie, & trois ſols cinq deniers à la Cavalerie, Huſſards, Dragons & Volontaires, auſſi pour chaque livre de viande.

XIII.

Payement de l'ustensile pendant la campagne.

Sa Majesté ayant réglé par l'ordonnance de solde d'hiver, l'ustensile qu'Elle accorde à ses Troupes en temps de guerre, & la portion dudit ustensile qui doit être distribuée par mois pendant la campagne, aux Officiers desdites troupes qui auront participé à l'ustensile du quartier d'hiver dernier; son intention est qu'il leur soit payé pendant chacun des mois de Mai, Juin, Juillet, Août, Septembre & Octobre de la campagne, savoir; à ceux qui auront eu l'ustensile entier, les sommes portées ci-après, & seulement moitié desdites sommes à ceux qui n'auront eu que le demi-ustensile, ceux qui n'auront point participé à l'ustensile du quartier d'hiver dernier ne devant point avoir part à cette distribution.

Infanterie françoise.

A chaque Colonel, Lieutenant-colonel, Commandant de bataillon, Major, Capitaine de Grenadiers & Capitaine de Fusiliers, vingt-cinq livres, ci . . .	25.l	0.s
A chaque Colonel ayant compagnie, comme Capitaine seulement, vingt-cinq livres, ci	25.	
A chaque Lieutenant, tant de Grenadiers que Fusiliers, & Aide-major, quinze livres, ci	15.	
A chaque Sous-lieutenant & Enseigne, dix livres, ci. .	10.	

Corps des Grenadiers de France.

A l'Inspecteur-commandant, & au Commandant en second, vingt-cinq livres, ci	25.l	0.s

A chaque Colonel, Lieutenant-colonel & Major attachés au corps, vingt-cinq livres, ci 25.l 0.f

A chaque Capitaine, vingt-cinq livres, ci . . . . . . 25.

A chaque Lieutenant & Aide-major, quinze livres, ci 15.

A chaque Lieutenant en ſecond & Sous-aide-major, dix livres, ci. . . . . 10.

CORPS ROYAL DE L'ARTILLERIE.

COMPAGNIES D'OUVRIERS & DE MINEURS.

A chaque Chef de brigade, Colonel, Lieutenant-colonel & Major, vingt-cinq livres, ci 25.l 0.f

A chaque Capitaine en pied, cinquante livres, ci. . 50.

A chaque Capitaine en ſecond, vingt-cinq livres, ci 25.

A chaque premier Lieutenant, Lieutenant en ſecond, Lieutenant en troiſième & Aide-major, quinze livres, ci . . . . 15.

A chaque Sous-aide-major & Garçon-major, cinq livres, ci. . . . . 5.

INFANTERIE IRLANDOISE ET ÉCOSSOISE.

A chaque Colonel, Colonel en ſecond, Lieutenant-colonel, Major, Capitaine & Capitaine en ſecond, tant de Grenadiers que de Fuſiliers, vingt-cinq livres, ci 25.l 0.f

A chaque Lieutenant, tant de Grenadiers que de Fuſiliers, & Aide-major, quinze livres, ci . . . . 15.

A chaque Lieutenant en ſecond, tant de Grenadiers que de Fuſiliers, dix livres, ci . . . . 10.

A chaque Enſeigne, dix livres, ci . . . . 10.

ROYAL-ITALIEN ET ROYAL-CORSE.

A chaque Colonel & Colonel commandant, ſans compagnie,

compagnie, Lieutenant-colonel, Major, Capitaine de Grenadiers, Capitaine & Capitaine en second de Fusiliers, vingt-cinq livres, ci 25.l 0.f

A chaque Colonel commandant, ayant compagnie, comme Capitaine seulement, vingt-cinq livres, ci . 25.

A chaque Lieutenant de Grenadiers & de Fusiliers, quinze livres, ci . . . . 15.

A chaque Lieutenant en second de Grenadiers & de Fusiliers, dix livres, ci . . . . 10.

A chaque Aide-major, quinze livres, ci . . . . . . 15.

OFFICIERS RÉFORMÉS D'INFANTERIE.

A chaque Colonel & Lieutenant-colonel, vingt-cinq livres, ci 25.l 0.f

A chaque Capitaine, quinze livres, ci . . . . 15.

A chaque Lieutenant, cinq livres, ci . . . . 5.

GENDARMERIE.

COMPAGNIES DE CHEVAUX-LÉGERS.

A chaque Capitaine-lieutenant, pour deux places d'ustensile, trente livres, ci 30.l 0.f

A chaque Sous-lieutenant & Cornette, pour une place, quinze livres, ci . . . . 15.

A chaque Maréchal-des-logis, tant des compagnies de Gendarmes que de Chevaux-légers, pour une demi-place, sept livres dix sols, ci . . . . 7. 10.

CARABINIERS.

Au Mestre-de-camp-lieutenant, pour deux places, trente livres, ci 30.l 0.f

Au Major, pour deux places, trente livres, ci . . . . 30.

A chaque Mestre-de-camp commandant une brigade

comme Capitaine ſeulement, pour deux places, trente livres, ci 30.l 0.f

A chaque Lieutenant-colonel, comme Capitaine ſeulement, pour deux places, trente livres, ci. . . . 30.

A chaque Capitaine, pour deux places, trente livres, ci . 30.

A chaque Lieutenant, Cornette, Aide-major & Sous-aide-major, pour une place, quinze livres, ci . . 15.

A chaque Maréchal-des-logis, pour une demi-place, ſept livres dix ſols . . . . 7. 10.

CAVALERIE.

A chaque Meſtre-de-camp & Lieutenant-colonel, ſans compagnie, pour deux places, trente livres, ci. . 30.

A chaque Capitaine & Major, pour deux places, trente livres, ci. . . . . 30.

A chaque Lieutenant, Cornette & Aide-major, pour une place, quinze livres, ci 15.l 0.f

A chaque Maréchal-des-logis, pour une demi-place, ſept livres dix ſols, ci. . . . . 7. 10.

RÉGIMENT ROYAL-ALLEMAND.

Au Meſtre-de-camp, comme Capitaine ſeulement, trente livres, ci 30.l 0.f

A chacun des Lieutenant-colonel, comme Capitaine ſeulement, & des deux Majors, trente livres, ci . . 30.

A chaque Capitaine, trente livres, ci. . . . . 30.

A chaque Lieutenant & Cornette, quinze livres, ci. 15.

A chaque Maréchal-des-logis, ſept livres dix ſols, ci. 7. 10.

A chacun des deux Aides-majors, quinze livres, ci. 15.

Au Maréchal-des-logis, de l'État-major & au Prevôt, chacun quinze livres, ci. . . . . 15.

Au Lieutenant de Prevôt, au Greffier & à chacun

des quatre Archers & à l'Exécuteur de justice; sept livres dix sols, ci 7.l 10.s

RÉGIMENS DE WIRTEMBERG & de NASSAU-SAARBRUCK.

A chaque Mestre-de-camp & Lieutenant-colonel, comme Capitaine seulement, trente livres, ci. . 30.l 0.s

A chaque Capitaine & Major, trente livres, ci. . . 30.

A chaque Lieutenant, Cornette & Aide-major, quinze livres, ci. . . . . 15.

A chaque Maréchal-des-logis, sept livres dix sols, ci. 7. 10.

Au Mestre-de-camp en second du régiment de Wirtemberg, trente livres, ci. . . . . 30.

RÉGIMENT DE CAVALERIE LIÉGEOISE DE RAUGRAVE.

A chacun des Mestre-de-camp, Lieutenant-colonel & Major, trente livres, ci. 30.l 0.s

A chaque Capitaine, trente livres, ci. . . . . 30.

A chaque Lieutenant & Cornette, & à l'Aide-major, quinze livres, ci . . . . 15. 0.

A chaque Maréchal-des-logis, sept livres dix sols, ci. 7. 10.

HUSSARDS.

A chaque Mestre-de-camp, Lieutenant-colonel en pied, Lieutenant-colonel incorporé & Major, trente livres, ci 30.l 0.s

A chaque Capitaine, trente livres, ci . . . . 30.

A chaque premier Lieutenant, second Lieutenant, Cornette & Aide-major, quinze livres, ci . . . . . 15.

A chaque Maréchal-des-logis, sept livres dix sols, ci. 7. 10.

DRAGONS.

A chaque Meſtre-de-camp, Lieutenant-colonel & Major, trente livres, ci 30.l 0.f

A chaque Capitaine, trente livres, ci. . . . . 30.

A chaque Lieutenant, Cornette & Aide-major, quinze livres, ci . . . . 15. 0.

A chaque Maréchal-des-logis, ſept livres dix ſols, ci. 7. 10.

Au Meſtre-de-camp, Lieutenant en ſecond du régiment de Dragons d'Orléans, trente livres, ci . . 30.

RÉGIMENT ROYAL-NASSAU.

A chacun des Meſtre-de-camp, Lieutenant-colonel & Major, trente livres, ci. 30.l

A chaque Capitaine & au Capitaine en ſecond, trente livres, ci. . . . . 30.

A chaque Lieutenant en premier, Lieutenant en ſecond & Cornette, quinze livres, ci. . . . . . . 15.

A chaque Maréchal-des logis, ſept livres dix ſols, ci. 7. 10.

A chacun des Aide-major & au Prevôt, quinze livres, ci. . . . . 15.

OFFICIERS RÉFORMÉS DE CAVALERIE, HUSSARDS ET DRAGONS.

A chaque Meſtre-de-camp, Lieutenant-colonel & Capitaine, trente livres, ci 30.l 0.f

A chaque Lieutenant, quinze livres, ci. . . . . . . 15.

Les Officiers des Troupes légères, continueront de recevoir l'uſtenſile qui leur ſera réglé pendant les cinq mois d'hiver, comme par le paſſé.

Écu de campagne. Et pour les deux ſols de retenue par jour pendant les cent cinquante jours du quartier d'hiver, ſur la place d'uſtenſile de chaque Gendarme & Chevau-léger de la Gendarmerie, & de chaque Carabinier, Cavalier, Huſſard & Dragon, faiſant la ſomme de quinze livres, Sa Majeſté ordonne qu'elle ſoit diſtribuée manuellement par le Major ou Aide-major de la Gendarmerie & de chaque régiment, aux Gendarmes, Chevaux-légers, Carabiniers, Cavaliers, Huſſards & Dragons, ſur le pied d'un écu de ſoixante ſols, par chacun des mois de Juin, Juillet, Août, Septembre & Octobre, même à ceux des régimens qui ayant reçû le quartier d'hiver, reſteroient dans les garniſons pendant la campagne; ſans que leſdits Officiers-majors puiſſent s'en diſpenſer pour quelque raiſon que ce ſoit, à peine d'être privés de leurs charges: au moyen de quoi, leſdits Carabiniers, Cavaliers, Huſſards & Dragons ſeront obligés de s'entretenir de linge, culotte, de bas & de ſouliers, & d'entretenir leurs chevaux de ferrage, de tenir leurs armes nettes, & d'y faire les menues réparations, en ſorte qu'elles ſoient en bon état: Entend Sa Majeſté que ſi ces armes venoient à être en un état à ne pouvoir plus ſervir, ſans que ce ſoit par la faute du Cavalier ou du Dragon, qu'il ſoit néceſſaire de les changer, le Capitaine en faſſe la dépenſe; & qu'au ſurplus chaque Capitaine entretienne chaque Carabinier, Cavalier, Huſſard & Dragon, de cheval, houſſe, ſelle, harnois, bride, habillement, manteau, chapeau, bottes & armes.

MANDE & ordonne Sa Majeſté aux Généraux commandant ſes armées, aux Officiers généraux ayant commandement ſur ſes troupes, aux Gouverneurs & Lieutenans généraux dans ſes provinces, aux Gouverneurs & Commandans de ſes villes & places, aux Inſpecteurs généraux de ſes troupes, aux Intendans de ſes armées, dans ſes provinces & ſur ſes frontières, aux Commiſſaires des guerres, & à tous autres ſes Officiers qu'il appartiendra, de tenir la main à l'exécution de la préſente. FAIT à Verſailles le premier juin mil ſept cent ſoixante. *Signé* LOUIS. *Et plus bas,* LE M.AL DUC DE BELLE-ISLE.

www.ingramcontent.com/pod-product-compliance
Ingram Content Group UK Ltd.
Pitfield, Milton Keynes, MK11 3LW, UK
UKHW021550260726
13993UKWH00002B/746

9 782329 258553